DE

L'HYPOTHÈQUE LÉGALE

DE LA FEMME MARIÉE

PAR

ERNEST GUIBOURD

AVOCAT A LA COUR IMPÉRIALE DE PARIS

PARIS.

IMPRIMÉ PAR E. THUNOT ET Cie,

RUE RACINE, 26, PRÈS DE L'ODÉON.

1857

A MON PÈRE, A MA MÈRE.

A MON GRAND-PÈRE.

FACULTÉ DE DROIT DE PARIS.

DE L'HYPOTHÈQUE LÉGALE

DE LA FEMME MARIÉE.

THÈSE POUR LE DOCTORAT.

L'ACTE PUBLIC CI-APRÈS SERA PRÉSENTÉ ET SOUTENU

le jeudi 19 février 1857, à 8 heures et demie,

PAR

ERNEST GUIBOURD,

Né à Angrie (Maine-et-Loire),

AVOCAT A LA COUR IMPÉRIALE.

PRÉSIDENT : M. VALETTE, *professeur ;*

Suffragants : MM. PELLAT, PERREYVE, DE VALROGER, *professeurs ;* RATAUD, *suppléant.*

Le candidat répondra, en outre, aux questions qui lui seront faites sur les autres matières de l'enseignement.

PARIS.

IMPRIMÉ PAR E. THUNOT ET Ce,

RUE RACINE, 26, PRÈS DE L'ODÉON.

1857

DROIT ROMAIN.

DE LA PROTECTION ACCORDÉE A LA FEMME POUR LA RESTITUTION DE SA DOT.

ORIGINE DE LA DOT. — LE MARI EN EST LE PROPRIÉTAIRE. — INTRODUCTION ET EXTENSION SUCCESSIVE DU PRINCIPE DE LA RESTITUTION DE LA DOT.

Les jurisconsultes romains définissent la dot, ce que la femme apporte au mari pour l'aider à supporter les charges du mariage.

Les origines de la dot sont entourées de la plus profonde obscurité. Nous ne reproduirons pas ici les nombreuses conjectures auxquelles elles ont donné lieu. Nous nous bornerons à indiquer timidement l'hypothèse à laquelle nous avons cru devoir nous arrêter.

A Rome, la famille se résume tout entière dans son chef; il est seul le maître, et seul indépendant. Son pouvoir est un despotisme absolu. Enfants, esclaves, sont soumis également à sa puissance.

N'allons pas croire, imbus de nos idées modernes, que le mariage soit par lui-même une cause d'émancipation, et que les deux époux, hier dans la dépendance de leur chef de famille, vont constituer à leur tour une famille nouvelle dont le mari sera le chef. Non, à la qualité de chef de famille sont attachés des droits trop considérables, les droits de tutelle et de succession, pour que le mariage soit par lui seul une cause d'émancipation.

Le mariage est sans aucune influence sur la condition du mari dans la famille à laquelle il appartient. Est-il fils de famille, il continuera à être dans la dépendance de son *pater familias*. Mais le mariage peut, s'il est accompli dans certaines conditions, modifier considérablement les rapports de la femme avec sa famille. Les effets du mariage sont bien différents pour la femme, suivant qu'il est ou qu'il n'est pas accompagné de *la manus*. Dans ce dernier cas, la femme, tout en vivant avec son époux, reste de droit dans la dépendance de celui qui la tenait en puissance avant le mariage; elle entre dans la maison et non dans la famille de son mari; elle est, suivant l'expression de Cicéron, une épouse, et non une *materfamilias* (1).

Dans cette situation, le mari n'a aucun titre pour se mettre en possession des biens de la femme; il n'y a pas plus de droits qu'un étranger; la femme, ou ceux qui la tiennent sous leur empire, en sont seuls propriétaires. Ses enfants ne sont point ses héritiers et elle ne leur succède pas.

Mais si le mariage est accompagné de certaines solennités, de la *coemptio* pour les plébéiens, de la *confarreatio* pour les patriciens, ou, s'il est suivi de la possession non interrompue de la femme pendant un an, la femme passe *in manu mariti;* elle entre dans la famille de son

(1) Cicéron, Topiques, c. 3.

mari, elle vient y prendre la position qu'elle quitte dans la sienne : c'est une fille, un enfant adoptif en quelque sorte; c'est la sœur de ses propres enfants.

Tout ce qu'elle possède avant sa venue en puissance, est dévolu de droit au chef de famille qui la prend sous sa main (*in manu*); tout ce qu'elle acquiert pendant le mariage, à quelque titre que ce soit, devient la propriété du mari. C'est pour lui seul qu'elle enrichit la famille, car pour elle aucun droit de propriété ne peut résider sur sa tête, pas plus que sur celle des enfants en puissance.

Nous avons supposé, pour éviter toute complication, que le mari qui acquiert sa femme *in manu* est chef de famille, et déjà cette absorption complète de la personnalité juridique de la femme est choquante; qu'est-ce donc quand le mari est encore fils de famille? le mari continue à acquérir pour son père, de sorte que la femme et tous ses biens passent dans la puissance du père ou peut-être de l'aïeul de son mari.

Anomalie incroyable vraiment, si l'on ne songeait que jamais législation ne tint moins compte pour la constitution de la famille, des liens du sang et de l'affection, et ne leur substitua plus exclusivement les rapports égoïstes d'une organisation civile et politique qui, malgré tous ses vices, ne devait cependant complétement s'écrouler qu'après la propagation des idées chrétiennes dans l'empire.

Cet aperçu succinct de la constitution de la famille romaine nous permet d'entrevoir la situation qui, suivant nous, dut donner naissance à la dot. Quand la femme ne passait pas sous la main du mari, celui-ci n'acquérait rien de la fortune de la femme, eh bien!

ne dut-on pas bientôt, s'inquiétant peu en fait de principes que l'on n'osait pas pourtant attaquer de front, constituer un don nuptial, une dot qui aidât le mari à supporter les charges du mariage. Voilà suivant nous l'origine de la dot. Puis on dut aller plus loin, et l'idée de dot dut s'introduire même dans l'hypothèse où la femme passait *in manu mariti;* peut-être en effet n'a-t-elle pas de biens au moment du mariage, peut-être même n'en aura-t-elle pas plus tard, car la succession romaine est surtout testamentaire; l'intérêt du mari à recevoir une dot est donc presque le même, et dans le cas de mariage avec la *manus* et dans le cas de mariage sans la *manus;* et dans un cas comme dans l'autre, il dut faire accepter la dot.

Ce ne sont là, dira-t-on, que de pures conjectures, soit, mais du moins elles ont l'avantage d'être une conséquence logique et immédiate de l'organisation de la famille à Rome, et si nous n'avons aucun texte pour les confirmer, aucun texte ne les contredit.

Quoi qu'il en soit des origines de la dot, nous trouvons dans les plus anciens monuments qui nous soient parvenus la dot considérée déjà comme une institution universellement répandue et si intimement liée au mariage, qu'on serait presque tenté de dire qu'il n'y a point de mariage sans dot. On va jusqu'à forcer les pères à doter leurs filles.

La loi ne faisait point cependant de la dot une condition du mariage, et Majorien est le seul (Novelle 6, § 9) qui ait eu l'idée de faire un crime de la pauvreté. La Novelle première de Sévère corrigea cette absurde rigueur.

Il serait hors de notre sujet d'examiner les différentes

manières dont la dot se constituait; qu'il nous suffise de remarquer comme divergence importante avec notre législation que la dot pouvait se constituer avant ou pendant le mariage.

A l'origine, la dot fut acquise au mari aussi complétement et irrévocablement que l'universalité des biens de la femme pouvait l'être dans le régime de la *manus* (Digeste, Paul, loi 1re; Ulpien, loi 7, § 3, *De jure dotium*, liv. 23, tit. 3). La constitution de dot n'était d'ailleurs pas plus que la donation entre-vifs, au nombre des contrats. On transférait au mari la propriété des choses dotales par un des modes ordinaires, la simple tradition, la *mancipatio*, l'*in jure cessio*, etc., suivant les cas. A la mort du mari ses héritiers légitimes ou testamentaires recueillaient les choses dotales comme ses autres biens.

La confusion de la dot dans le patrimoine du mari resta supportable tant que le mariage ne prit fin que par la mort de l'un des époux, mais quand se généralisa la pratique du divorce, la situation de la femme devint des plus fâcheuses. Un homme pouvait en l'épousant acquérir tous les biens d'une femme, puis la répudier sous le plus futile prétexte et la laisser sans ressources.

Ce fut alors qu'on imagina dans l'intérêt de la femme les *cautiones* et les *actiones rei uxoriæ*, afin d'assurer au cas de divorce, la restitution des biens qu'elle apportait au mari.

Introduite pour le cas de divorce cette restitution se généralisa : on la stipula pour le cas de dissolution du mariage par le décès du mari; enfin dans la législation Justinienne la restitution a lieu même au cas de prédécès de la femme.

Ces stipulations, d'abord nécessaires dans chaque constitution de dot, devinrent si générales que le droit coutumier les sous-entendit, la restitution de la dot dut avoir lieu de droit, et si nous voyons dans les Codes de Théodose et de Justinien (C. Théodosien, lib. III, tit. 15, et C. Just., lib. V, tit. 20, l. 1), qu'elles interviennent encore, à cette époque, ce n'est plus que pour attribuer le bénéfice de garanties plus puissantes à un droit existant même en l'absence de toute convention.

Le principe de la restitution de la dot une fois admis, restait à édicter des lois qui en fussent la sanction. Il appartenait au législateur de ne pas laisser dans le domaine exclusif des conventions privées, les garanties propres à assurer le recours de la femme contre le mari. C'est ce que comprit le législateur romain; seulement, remarquons-le, les mesures qu'il édicta ne furent pas inspirées par un sentiment de bienveillance et de protection de la femme, elles n'eurent pas pour but de mettre une sorte de réserve à l'abri des dilapidations du mari et de la faiblesse de la femme, d'assurer l'existence de la veuve et de ses enfants : son but est plus égoïste, il faut que la femme veuve ou divorcée puisse contracter une seconde union et donner encore des enfants à la république. L'intérêt de la femme disparaît devant la question d'intérêt public, la femme est une source de force et de prospérité pour la cité romaine, conservons lui sa dot.

Ce n'est que sous Justinien, à une époque où la religion chrétienne a déjà pénétré l'empire, a réprouvé les seconds mariages et érigé en vertu le célibat, que la femme est protégée pour elle-même. Aussi n'est-ce qu'à cette époque que la dot est restituée aux héritiers de la femme quand elle prédécède; jusque-là le mari gagnait la dot à moins qu'elle ne fût profectice : à quoi bon en exiger la restitution, la femme ne peut se remarier.

Reconnaissons cependant que si le législateur se préoccupe avant tout de l'intérêt public, la dépravation des mœurs lui en a fait presque une obligation. Les divorces sont journaliers, le mari ne voit plus dans le mariage qu'un moyen de dévorer une dot, et dans le divorce qu'un moyen de s'en procurer une nouvelle. L'empire voit décroître sa population, il faut y remédier. Alors paraissent toutes ces lois tendant à encourager la procréation des enfants légitimes; on punit le célibat, on va plus loin, on punit ceux-mêmes qui, mariés, n'ont pas d'enfants. Ce n'est pas assez, il faut mettre un frein au divorce et pour cela il faut empêcher que le mari dévore la dot: il divorce parce que la femme est ruinée, immobilisons les biens entre les mains du mari : de là le principe de l'inaliénabilité de la dot que nous étudierons dans le chapitre suivant.

Dans un second chapitre nous verrons les actions accordées à la femme après la dissolution du mariage pour se faire restituer sa dot.

CHAPITRE PREMIER.

DE L'INALIÉNABILITÉ DE LA DOT.

La dot devait être restituée, mais elle ne devait pas toujours l'être en nature. Quand la dot était constituée en choses fongibles, ou était estimée, le mari en devenait propriétaire incommutable, il en pouvait disposer comme bon lui semblait ; à partir du mariage les risques étaient à sa charge ; l'estimation vaut vente, dit Ulpien, d'où la conséquence que si le mari est évincé il a droit à l'action en garantie.

Quand la dot était constituée en corps certains et non estimés, le mari devait la rendre en nature après la dissolution du mariage ; la sanction naturelle d'une pareille obligation, eût été la défense d'aliéner les immeubles dotaux sans le consentement de la femme, mais comment concilier cette prohibition avec le droit de propriété du mari ? Quoi le mari est propriétaire, et il serait privé du principal attribut de la propriété ; on le réduirait au simple rôle d'usufruitier, c'est inconciliable avec l'idée que les Romains se forment d'un chef de famille. Aussi, dans l'ancien droit, ~~l'intervention~~ du fonds dotal fut permise, il fallut les graves inconvénients de l'exercice de ce droit, le recours de la femme rendu trop souvent illusoire, et par suite la difficulté que la femme trouvait à contracter une nouvelle union, tant souhaitée par les lois, pour qu'on osât porter atteinte au droit absolu du mari. Ce fut l'œuvre d'une loi Julia rendue sous Auguste, loi que l'on croît être la loi Julia *de adulteriis*. Elle exigea le consentement de la femme pour aliéner le fonds dotal et elle en prohiba l'hypothèque même avec son consentement (1). La loi Julia ne concernait que les propriétés italiques, soumises seules au domaine quiritaire, quoiqu'il soit probable, suivant une remarque d'Heinnecius (*antiquités Romaines*, liv. 2, tit. *de usuc.*) qu'à l'égard des

(1) Remarquons que les textes des plus anciens jurisconsultes sur la loi Julia ne disent rien de cette seconde prohibition (Gaïus, 2, 62, 63 ; Paul, Sent., liv. 2, tit. 21 b, § 2). Néanmoins en présence du titre *De fundo dotali*, au Digeste, cette seconde prohibition ne fait doute pour aucun auteur à notre connaissance.

propriétés provinciales, on arrivait au même but par des moyens différents.

Justinien étendit aux fonds provinciaux la prohibition directe de la loi Julia, et défendit l'aliénation aussi bien que l'affectation hypothécaire même avec le consentement de la femme. Loi unique. C. V. 13, § 15.

Ce qui est inaliénable, c'est l'immeuble dotal. Jamais l'aliénabilité de la dot mobilière n'a fait doute en droit romain : des textes formels en permettent l'aliénation (L. 3, C., *De jure dotium ;* L. 7, C., *De servo pign. dat. manum*). Mais le principe de l'inaliénabilité a été appliqué à des fonds qui n'étaient pas, à proprement parler, dotaux. C'est ainsi que l'on était arrivé à décider, par une interprétation large de la loi Julia, que la dot immobilière une fois constituée resterait inaliénable jusqu'à ce que la femme l'eût recouvrée, quand même le mariage n'aurait pas lieu ou serait frappé d'une cause de nullité.

On avait décidé de même que le fonds dotal ne redeviendrait pas aliénable par le seul fait de la dissolution du mariage (L. 4 et 12, *De fundo dotali*, liv. 23, tit. 5).

Ce sont là deux décisions remarquables, car elles sont en contradiction avec notre législation. Le Code Napoléon subordonne l'existence du contrat de mariage, et par suite de la constitution de dot, à la condition du mariage, et une fois le mariage dissous, le principe de l'inaliénabilité de la dot disparaît.

Nous venons de voir qu'il est des cas dans lesquels un immeuble est inaliénable, bien qu'à proprement parler il ne soit pas dotal. A l'inverse, l'aliénation de l'immeuble dotal ne sera pas toujours frappée de nullité.

Si le mariage se dissout par la mort de la femme,

comme la dot doit rester au mari, l'aliénation sera maintenue (L. 17, *De fundo dotali*). La loi 10, au même titre, nous fournit un second exemple : la femme a, contre son mari, une créance alternative de deux fonds, au choix de ce dernier ; elle se constitue cette créance en dot. Le mari aliène l'un des fonds, l'aliénation est valable évidemment, car c'est la preuve que le mari entend que l'autre fonds soit dotal. Puis le mari aliène le second fonds, l'aliénation sera-t-elle nulle? Non, si le mari rachète avant sa mort le premier fonds. Le caractère de dotalité aura donc passé d'un immeuble à l'autre, et même à un moment il n'aura reposé ni sur l'un ni sur l'autre, ce que le jurisconsulte caractérise en disant : *Lex est ambulatoria.*

Pénétrés de l'idée que le vœu de la loi est que la femme retrouve son immeuble dans son intégrité, les jurisconsultes n'ont pas hésité à déclarer inaliénables les démembrements de l'immeuble dotal, et les lois 5 et 6 *De fundo dotali* décident que les servitudes actives du fonds ne peuvent s'éteindre et qu'on ne peut en constituer de nouvelles à son détriment.

Les produits du fonds qui ne sont pas des fruits sont inaliénables comme le fonds lui-même. Cela résulte de la loi 32, D., *De jure dotium* qui suppose que le mari a vendu le marbre des carrières, ou les arbres de haute futaie, ou la superficie d'un édifice dotal, mais avec le consentement de la femme. Ce texte est sans difficulté si nous nous plaçons sous l'empire de la loi Julia ; mais comment l'entendre à l'époque de Justinien, où le consentement de la femme ne suffit plus pour permettre l'aliénation? On peut dire que les mots *ex voluntate mulieris* désignent une convention particulière autorisant ces sortes d'aliénations. Ce serait quelque chose d'analogue aux clauses qui, dans nos contrats de mariage, permettent l'aliénation de l'immeuble dotal à charge de remploi. Ainsi entendue, la loi 32 serait une application du principe de la loi 26, *De jure dotium*, qui permet d'échanger l'objet de la dot pendant le mariage quand cet échange est utile à la femme.

Enfin, est inaliénable ce qui est acquis au moyen de la chose dotale. Ainsi, le fonds légué à l'esclave dotal sera soumis à la prohibition de la loi Julia.

Le législateur romain, dans sa sage prévoyance, ne se borne pas à interdire au mari l'aliénation directe de l'immeuble dotal. Il déclare le fonds dotal imprescriptible. L'accomplissement de l'usucapion au profit d'un tiers serait un fait du mari. La loi 28 *De verborum significatione* nous le dit : « *Alienationis verbum etiam usucapionem continet : vix est enim ut non videatur alienare qui patitur usucapi.* »

Tel est le principe. Il reçoit une exception au cas où l'usucapion a commencé à courir avant le mariage, c'est-à-dire avant que le fonds ne fût dotal. Le mari qui laisse la prescription s'accomplir en sera bien responsable, mais la propriété n'en sera pas moins perdue pour la femme. Cette exception, écrite dans la loi 16, donne lieu à une sérieuse difficulté. En effet, dit-on, la prescription continue à courir au profit du possesseur du fonds dotal, c'est donc qu'il en conserve la possession. Mais alors le mari n'est pas devenu propriétaire, car, dans le dernier état du droit romain, la propriété ne peut être transférée sans tradition, et il n'y a plus lieu dès lors à appliquer la loi Julia! Nous ne serions point arrêtés par cette difficulté si nous nous placions à l'époque où la translation de la propriété pouvait avoir lieu sans tradition, au moyen de la *mancipatio* et de la *cessio in jure*, le mari devenait propriétaire du fonds dotal sans que le possesseur perdît sa possession, la loi 16 recevait alors une facile application.

Peut-être cependant, même dans le droit de Justinien, pouvons-nous donner une explication de la loi 16. L'aliénation de l'immeuble dotal est interdite par cet empereur, même du consentement de la femme. Or, ne peut-on pas dire, avec Pothier, que la loi 16 se place dans l'hypothèse où le mari a été constitué par la femme *procurator in rem suam?* Il n'est pas propriétaire, il n'est que mandataire, mais comme tel il est responsable de la prescription qu'il laisse s'accomplir, et, rigoureusement, l'aliénation devrait être rescindée, puisque l'immeuble dotal ne peut pas être aliéné, même du consentement de la femme. Cependant, si la prescription a commencé avant le mariage, l'aliénation sera maintenue, mais le mari sera responsable.

Si de l'explication de la loi 16, difficile dans le droit de Justinien, nous passons à l'examen du principe qu'elle édicte, nous avons un reproche encore plus grave à lui adresser. La prescription ne peut être considérée que comme une présomption légale d'acquisition résultant de la possession. Or du moment que, pour une cause ou pour une autre, la loi refuse à la possession cet effet juridique, la possession antérieure ne signifie plus rien. Qu'importe, rationnellement parlant, que Titius ait possédé pendant dix ans une chose qui devient imprescriptible par le mariage de Titia! Titius n'a pas plus de droits acquis le jour où la constitution de dot fait acquérir à cette chose la qualité d'imprescriptible, que Seius, qui a commencé à posséder le lendemain. Pourquoi, dès lors, traiter plus favorablement Titius que Seius?... Cette conclusion est irrésistible, suivant nous.

Si nous faisons la critique de la loi 16, combien ne devons-nous pas la faire davantage de l'article 1561 du Code Napoléon, dans lequel nous trouvons cette théorie reproduite d'une façon si peu heureuse? En effet, le législateur français proclame lui-même de la manière la plus formelle, dans l'article 2221, que la possession, si elle n'a pas duré le temps requis pour la prescription, ne confère aucun droit à celui qui possède, et que la prescription des servitudes discontinues ne pourra s'accomplir sous l'empire de la loi nouvelle, quoique commencée sous l'empire de l'ancien droit. C'est dire évidemment que non-seulement la possession, quand elle n'est pas prolongée suffisamment pour opérer la prescription, ne confère aucun droit au possesseur, mais qu'elle ne constitue pas même une attente assez légitime, pour que le législateur doive la respecter. Le Code Napoléon renferme donc, dans les articles 1570 et 2221, et le principe et la contradiction flagrante du principe.

Toute aliénation était prohibée par la loi Julia; mais il fallait entendre par là tout fait volontaire qui transférait la propriété à un autre. C'est ainsi qu'elle ne pouvait pas empêcher que la propriété de la dot ne passât, avec les autres biens du mari, à ses successeurs, à titre universel. C'était une conséquence forcée du principe que la propriété de la dot est au mari. Seulement le fonds dotal demeurait entre leurs mains, grevé de la condition d'inaliénabilité, et le fisc lui-même, malgré sa solvabilité assurée, subissait cette loi (L. 2, § 1; *De fundo dotali*).

De même le voisin à qui le mari refusait la caution *damni injecti*, pouvait obtenir l'envoi en possession quoique le fonds fût dotal, et en devenir propriétaire.

De même le mari ne pouvait intenter l'action en partage, mais elle pouvait être exercée contre lui, et le partage était valable, quoiqu'à Rome on lui eût conservé son caractère réel, qui est d'être essentiellement translatif de propriété.

Enfin si le mari était propriétaire avant son mariage d'un fonds grevé de servitudes, et qu'il acquît en dot le fonds dominant, les servitudes s'éteignaient par confusion. C'étaient là autant de cas dans lesquels l'aliénation ne provenait pas du fait du mari et ne constituait pas par conséquent une dérogation à la loi Julia.

Le Code Napoléon dans les art. 1558 et 1559 énumère un certain nombre d'exceptions au principe de l'inaliénabilité du fonds dotal, exceptions que le législateur a limitativement prévues, et que les tribunaux doivent constater. Nous ne trouvons point de disposition semblable en droit romain. Cependant on pouvait arriver au même résultat par des moyens détournés. D'abord jusqu'à Justinien l'aliénation resta permise avec le consentement de la femme, mais une pareille aliénation, et c'est ce qui la fit interdire, était plus souvent dans l'intérêt du mari que dans celui de la femme. Une seconde ressource fut la faculté accordée à la femme, dans certains cas prévus par les lois, de recevoir valablement la restitution de sa dot avant la dissolution du mariage. Ce qu'il y a de remarquable, c'est que si la femme pouvait alors recevoir valablement la dot, elle ne pouvait en exiger la restitution du mari, à moins qu'elle ne se trouvât dans des cas où chez nous elle obtiendrait la séparation de biens. Laissant de côté cette dernière hypothèse sur laquelle nous reviendrons, voyons les cas dans lesquels la femme pouvait valablement recevoir sa dot avant la dissolution du mariage? C'était pour subvenir à l'entretien de la femme, à celui de ses esclaves; pour payer ses dettes, si elle n'a pas de paraphernaux, ou même si la vente de ses biens dotaux est plus avantageuse; pour acheter un immeuble convenable, pour racheter de captivité des personnes qui lui sont chères; enfin le jurisconsulte Paul termine son énumération par cette observation : *Quia justa et honesta causa est, non videtur male accipere.* Ce qui nous permet de croire que cette restitution était permise toutes les fois qu'il y avait même raison de décider (D., loi 20, *soluto matrimonio*, loi 85, *De jure dotium*).

La restitution de la dot, pendant le mariage, dut devenir d'un usage bien fréquent après les innovations de Justinien, car elle resta le moyen unique d'arriver à l'aliénation. Remarquons que la loi romaine favorisait moins sur ce point les femmes que la loi française, car il suffisait du mauvais vouloir du mari pour empêcher la restitution.

Pour terminer ce que nous avons à dire de la loi de Julia, il nous reste à en indiquer la sanction. Quel était l'effet des aliénations faites au mépris des prohibitions de la loi? Ce n'était pas toujours la nullité; l'aliénation n'était nulle que si la dot devait faire retour à la femme, ce qui avant Justinien n'avait lieu qu'au cas de divorce ou de prédécès du mari, et ce qui sous Justinien a lieu même au cas de prédécès de la femme.

Lorsque la dot doit faire retour à la femme et que le mari a aliéné le fonds dotal, la femme poursuit, par l'action *rei uxoriæ*, la restitution du fonds dotal. Il doit être reconstitué dans son intégrité et être pourvu de tous les droits réels qui existaient à son profit avant la constitution de dot. Toutefois, quoique la conservation de la dot soit à Rome un principe d'ordre public, on ne va pas jusqu'à décider que le mariage une fois dissous, la femme ne pourra ratifier l'aliénation du fonds dotal. Cette ratification n'a pas même besoin d'être expresse; ainsi la femme qui aura accepté le legs qui lui était fait par son mari pour lui tenir lieu de dot, ou bien qui aura accepté l'hérédité avec la charge du legs du fonds dotal, aura suffisamment ratifié l'aliénation (D., loi 77, 5°).

L'inaliénabilité de l'immeuble dotal est en quelque sorte une mesure préventive, pour assurer à la femme la restitution de sa dot. Aussi est-ce par elle que nous avons dû commencer. Nous aurons à voir dans le chapitre suivant la protection accordée à la femme dans l'exercice des actions qui ont pour but la restitution de sa dot, soit lors de la dissolution du mariage, soit même pendant le mariage au cas d'insolvabilité du mari.

CHAPITRE II.

ACTIONS ACCORDÉES A LA FEMME POUR LA RÉPÉTITION DE SA DOT, 1° PENDANT LE MARIAGE AU CAS D'INSOLVABILITÉ DU MARI; 2° APRÈS LA DISSOLUTION DU MARIAGE.

§ 1. De la restitution de la dot pendant le mariage, au cas d'insolvabilité du mari.

La dot est destinée à supporter les charges du mariage; tant que ces charges subsistent, la dot doit rester entre les mains du mari. De là, le principe que la femme ne peut réclamer sa dot qu'à la dissolution du mariage. Ce principe reçoit une exception. Si, par suite du mauvais état de ses affaires, le mari se trouve dans l'impossibilité de subvenir aux dépenses de la femme et de la famille, ou si la dot se trouve en péril, la femme pourra en exiger la restitution, quoique le mariage dure encore (L. 24, *Princip. soluto matrimonio*). C'est là une exception non moins logique que la règle, et pourtant ce n'est pas directement qu'on va oser porter une pareille atteinte au principe que le mari est propriétaire de la dot pendant le mariage; il va falloir recourir à une fiction, supposer que le divorce est intervenu, et alors on accordera à la femme l'action qu'elle aurait après la dissolution du mariage. C'est ce que nous apprend Justinien, qui supprime dans la loi 30, au Code *De jure dotium*, la nécessité de cette fiction.

La loi 24, *Soluto matrimonio*, est le seul texte du digeste, à notre connaissance, qui s'occupe de ce droit particulier. Sans doute, parce qu'en fait il n'était pas d'un fréquent usage, et que le divorce présentait une trop déplorable facilité pour ne pas lui faire une concurrence victorieuse.

Le législateur prenait-il, avant Justinien, quelque précaution pour que la dot, une fois restituée à la femme, ne fût pas dilapidée? C'est ce que le silence de la loi 24, et l'absence de textes, ne nous permettent pas de décider.

Les lois 29 et 30, au Code *De jure dotium*, jettent un jour remarquable sur la matière. Frappé sans doute du danger que présentait cette restitution, Justinien, dans la Constitution 29, au Code *De jure dotium*, rendue en 528, deux ans avant qu'il ne déclarât l'immeuble dotal absolument inaliénable, prend, dans une espèce particulière, des précautions pour que, d'une part, l'insolvabilité du mari ne préjudicie pas à la femme, et pour que, d'autre part, sa faiblesse et son inexpérience ne soient pas une cause de ruine. Il suppose que la femme, afin de mieux garantir la restitution de sa dot, a stipulé une hypothèque ; que le mari est devenu insolvable ; que la femme veut exercer son droit hypothécaire, mais que les créanciers postérieurs du mari s'y opposent, sous prétexte que le mariage n'étant pas encore dissous, son droit n'est pas encore ouvert. Justinien décide qu'elle peut exercer son droit ; qu'elle sera envoyée en possession des objets qui lui sont hypothéqués, qu'elle les administrera, qu'elle en emploiera les revenus à son entretien et à celui de sa famille ; mais qu'elle ne pourra aliéner, tant que durera le mariage, les biens dont la possession lui sera remise.

Cette constitution est fort remarquable, car elle ne donne pas à la femme le droit de demander, au cas d'insolvabilité de son mari, la restitution de sa dot et la mise en vente des objets dont elle a stipulé l'hypothèque ; elle prend seulement possession de ces biens, elle en touche les revenus, et ces biens sont frappés d'inaliénabilité entre ses mains.

L'empereur craint l'inexpérience de la femme, si on lui restituait sa dot ; les valeurs mobilières sont faciles à dissiper et l'immeuble dotal n'est pas encore absolument inaliénable.

L'année suivante, l'empereur accorde à la femme une hypothèque tacite sur les choses dotales, même lorsqu'elles ont été estimées; personne ne peut avoir sur ces biens une hypothèque qui lui soit préférable. La femme obtient un véritable privilége, c'est un droit qu'elle retient sur le bien dont elle transfère la propriété au mari. Oui, c'est un privilége, si l'on s'en tient aux anciens principes, si l'on voit toujours dans le mari le propriétaire de la dot ; c'est un droit de propriété, si l'on s'en tient à la réalité, car à la dissolution du mariage la femme aura la revendication.

Après une pareille constitution, si le mari devient insolvable, que va faire la femme ? elle va exercer son droit d'hypothèque privilégiée ; mais cette hypothèque porte précisément sur les choses dotales, la femme va donc rentrer en possession de sa dot, seulement toujours sous la condition de ne point l'aliéner, d'en employer les revenus à son entretien et à celui de ses enfants.

La restitution de la dot, ainsi réglée par Justinien, présente les plus grands rapports avec notre séparation de biens. C'est là que notre ancien droit est allé l'emprunter. Les mêmes caractères se retrouvent dans les deux institutions : le désordre du mari et le péril de la dot pour point de départ ; l'obligation imposée à la femme d'employer les revenus aux charges du ménage ; l'incapacité complète de la femme mariée sous le régime dotal, d'aliéner sa dot, et sous les autres régimes, la capacité de la femme d'aliéner subordonnée à l'autorisation du mari ou de justice ; le pouvoir de faire les actes d'administration accordé seul à la femme. Tels sont les traits qui constituent une ressemblance frappante entre la restitution de la dot en cas d'insolvabilité du mari, et notre séparation de biens.

§ 2. De la restitution de la dot après la dissolution du mariage.

Nous n'avons étudié jusqu'ici que les sûretés accordées à la femme pour la restitution de sa dot quand le mariage dure encore; il nous faut voir maintenant la protection accordée à la femme dans l'exercice de son action en restitution, quand le mariage est dissous soit par le divorce, soit par la mort de l'un des époux.

La femme avait pour se faire restituer sa dot une action nommée *rei uxoriæ* donnée à toute personne ayant le droit d'exercer cette reprise, de quelque manière que la dot eût été constituée. Quelquefois les parties ne se contentaient pas de cette action générale, et soit la femme, soit celui à qui le droit de reprise devait revenir, stipulaient formellement du mari, la restitution de la dot; dans ce cas ils avaient l'action *ex stipulatu.*

L'action *rei uxoriæ* était une action de bonne foi. Le mari poursuivi avait le droit de faire certaines retenues, il pouvait ne restituer les choses appréciables au poids, au nombre ou à la mesure, qu'en trois ans et par tiers, il pouvait opposer le bénéfice de compétence ; enfin la femme ne transmettait pas cette action à ses héritiers, à moins qu'elle n'eût mis son mari en demeure.

L'action *ex stipulatu* au contraire, était de droit strict, elle ne recevait aucun des tempéraments qui rendaient l'exercice de l'action *rei uxoriæ* favorable au mari, aussi était-elle d'un très-fréquent usage.

Le droit romain dans sa période la plus brillante ne reconnaissait à la femme pour la restitution de sa dot, qu'un *privilegium ;* ce qui ne donnait à Rome de droit de préférence que sur les créanciers chirographaires. Le motif de cette faveur encore si limitée, était d'assurer à la veuve le recouvrement de sa dot afin qu'elle pût contracter un nouveau mariage; aussi du mariage valable ne tarda-t-on pas à étendre l'application de ce privilége au cas de mariage déclaré nul, et au cas de dot livrée pour des fiançailles non suivies de mariage, les raisons étaient identiques, peut-être même y avait-il un *a fortiori* (1) (lois 17, § 1, 18, 19, *De rebus auctoritate judicis;* loi 22, § 13, *Soluto matrimonio.*) Mais aussi dès que ces motifs n'existent plus, point de privilége, c'est ainsi qu'on le refuse aux héritiers de la femme.

Nous ne savons point à quelle époque fut établi le privilége de la dot; ce qu'il y a de certain, c'est que son existence était un fait constant au temps des jurisconsultes, et il faut remarquer que tous les textes du digeste qui en parlent sont tirés des commentaires sur l'édit perpétuel; il existait donc antérieurement à Adrien et faisait partie sans doute de ces règles, que le préteur promettait d'observer pendant la durée de sa charge et qui formaient ce qu'on peut appeler le *droit coutumier romain.*

La créance privilégiée de la femme pouvait se trouver en concours avec d'autres créances privilégiées comme elle. Sans doute le législateur avait réglé l'ordre dans lequel les divers créanciers privilégiés exerceraient leur droit de préférence; nous n'avons pas à cet égard au digeste, de théorie générale, mais la loi 22, § 13, *de Soluto matrimonio* nous présente un cas où la créance de la femme primait la créance privilégiée du maître ou du père de famille sur le pécule.

Titia épouse un esclave le croyant libre; il n'y a pas

(1) Remarquons qu'en pareil cas il n'y a pas lieu à l'action *rei uxoriæ*, mais à la *condictio sine causa*, avec le privilége de l'action *rei uxoriæ*.

mariage. Cependant Titia agira *de peculio* pour obtenir la restitution de sa dot, son action sera privilégiée comme s'il y avait mariage, et si Titia se trouve en concours avec le maître, elle le primera sur les choses dotales ou achetées de l'argent dotal.

Jusqu'à Justinien la femme n'a pas d'autre droit de préférence que ce privilége; il faut reconnaître cependant que la loi Julia lui conférait indirectement un droit préférable à tout autre sur les immeubles dotaux; en effet, le mari ne pouvait les grever d'hypothèques même du consentement de la femme; dès lors, toutes les fois qu'elle n'avait pas consenti à leur aliénation, elle les retrouvait dans le patrimoine du mari, et elle était nécessairement payée de préférence à tous autres sur ces immeubles puisqu'elle n'avait en face d'elle que des créanciers chirographaires.

Telles étaient les seules garanties légales accordées à la femme dans l'exercice de son action en restitution. Rien ne s'opposait bien entendu à ce qu'elle en stipulât de plus efficaces, mais alors la convention était la loi des parties.

Justinien modifia profondément la législation relative aux garanties à donner à la femme, et cette législation est d'autant plus importante à étudier pour nous, qu'elle est la source des principes du code civil sur cette matière.

Jusqu'à Justinien, le législateur n'a pas pris de mesures assez efficaces pour assurer la restitution de la dot, et celles qu'il a prises, répétons-le encore une fois, ne lui ont été inspirées que par le désir de favoriser les secondes noces. La législation de Justinien réagit contre le passé à un double point de vue: par le but et par les moyens. Son but n'est plus de favoriser les secondes noces, le christianisme a fait justice de cette exagération; sans les interdire absolument, il les voit avec défaveur ; Justinien veut atteindre un but plus digne de la grande mission confiée au législateur ; la femme est faible, il faut la protéger pour elle-même, assurer son bien-être et celui de la famille.

Que ne pouvons-nous louer à l'égal du but les moyens qu'il emploie pour l'atteindre ; la protection que l'empereur vient accorder à la femme est une pensée digne du législateur d'un grand empire et d'une nation civilisée, mais il faut que cette protection soit restreinte dans de sages limites et que les droits les plus légitimes des tiers ne soient pas impitoyablement sacrifiés à la conservation des droits de la femme. Respectons toujours les droits acquis et ne soyons pas libéral avec l'argent des autres. C'est là un principe que revendique toute morale même la moins sévère et pourtant l'Empereur n'a pas su le respecter.

En 529, Justinien donne à la femme le droit de revendication et d'hypothèque privilégiée, sur les choses dotales estimées ou non. Il explique dans sa constitution 30 au code *De jure dotium*, l'utilité de cette double action. L'action en revendication répond à l'état réel de la législation à l'époque de Justinien ; la femme ne perd plus la propriété de sa dot pendant le mariage, et à l'époque de la dissolution elle la revendique. L'action hypothécaire est accordée à la femme, pour se conformer à l'ancien état de la législation, dans lequel le mari devenait propriétaire de la dot. L'empereur traite cette ancienne législation, de législation subtile et pourtant il n'ose pas proclamer hautement qu'elle n'existe plus, il la constate encore, seulement il fournit les moyens de l'éluder.

La loi 30 au Code ne parle que de la revendication

des choses dotales, mais la loi *Assiduis* semble aller plus loin et décider qu'il faut assimiler aux choses dotales, les objets achetés avec l'argent de la dot, « *licet res dotales vel ex his aliæ comparatæ non extent;* » dans la pensée de l'empereur, quand il écrivait la loi *Assiduis*, la femme avait déjà un droit de revendication, non-seulement sur les choses dotales comme le dit expressément la constitution de 529, mais même sur les choses acquises avec l'argent dotal. Cette interprétation nous fournit une explication de l'assimilation faite par Gaïus dans la loi 54 *De jure dotium*, au digeste, des choses dotales et de celles provenant de l'argent dotal ; nous croyons qu'en insérant ce texte au digeste, Tribonien a voulu lui donner un sens général en harmonie avec la loi 30 au Code *De jure dotium*. Mais tel ne pouvait pas être évidemment le sens de cette assimilation dans la pensée de Gaïus lui-même.

En 530, Justinien dans le but d'accorder dans tous les cas, à la femme, divers avantages de l'action *ex stipulatu* (action de droit strict), tout en conservant quelques-uns de ceux de l'action *rei uxoriæ* (action de bonne foi), fond ensemble ces deux actions. De quelque manière que le mariage vienne à se dissoudre, et quelle que soit l'origine de la dot, il veut que la femme et ses héritiers puissent toujours redemander la dot par une action *ex stipulatu* comme s'il y avait eu entre les époux une stipulation tacite. Cependant il transporte à cette action *ex stipulatu* en reprise de la dot, le caractère d'action de bonne foi ; et comme telle, il conserve au mari le bénéfice de compétence, il lui accorde un délai d'un an pour la restitution des objets dotaux autres que les immeubles, substituant ainsi à la distinction si rationnelle des quantités et des corps certains, une distinction que rien ne justifie, celle des meubles et des immeubles. Enfin pour sûreté de ses reprises, l'empereur accorde à la femme une hypothèque tacite sur les biens de *celui qui a reçu la dot*, expression vague dont je me sers à dessein pour indiquer que ce n'est pas toujours sur les biens du mari, ni exclusivement sur ces biens que portera l'hypothèque tacite de la femme. Cela résulte de la constitution ***De rei uxoriæ***, § **1**, au Code, « ***Sive principales personæ dotes susceperint, sive aliæ pro his*** » et de la loi 32, § **13**, ***Soluto matrimonio***, au digeste, qui nous donne des applications de ce principe : « le mari est fils de famille, la dot a été remise au *pater familias* ou au fils sur l'ordre de ce dernier, l'action sera dirigée contre le père. Le fils a reçu la dot sans l'ordre du père, celui-ci sera néanmoins obligé, mais jusqu'à concurrence seulement du pécule ou du profit qu'il en aura retiré. Le père a reçu la dot ; il vient à mourir, le fils n'est tenu de rendre la dot que s'il est héritier de son père. »

Par une juste réciprocité, l'action en payement de la dot était garantie par une hypothèque tacite sur les biens de celui qui l'avait promise, quel qu'il fût.

A quelles créances s'applique la garantie de l'hypothèque tacite de la femme?

La constitution ***De rei uxoriæ actione*** au Code ne parle que de la restitution de la dot, mais une autre constitution de la même année étend cette garantie au recouvrement des créances paraphernales livrées au mari par une disposition du contrat de mariage (constit. **11**, ***De pactis conventis***). Enfin, il résulte de la loi ***Assiduis*** qu'une constitution demeurée inconnue pour nous avait accordé à la femme les garanties de l'hypothèque pour assurer l'exécution de la donation *propter nuptias*.

Parvenue à cet état, quels rapports frappants présente la législation romaine avec la nôtre, et qu'il y a loin de l'époque où le mari était le propriétaire incommutable de la dot! La femme a une action en revendication toutes les fois que les choses dotales ou achetées de l'argent dotal existent encore; elle a une hypothèque sur tous les biens de ceux qui ont reçu la dot; la garantie dont elle jouit est donc plus puissante, quant aux biens sur lesquels elle frappe, que celle que notre droit accorde à la femme. Cette hypothèque est destinée à assurer la restitution de la dot, des créances paraphernales et l'exécution de la donation *propter nuptias*. Nous n'avons jusqu'ici qu'à applaudir à une pareille législation; elle protége puissamment la femme, sans violer les lois de l'équité. La femme prime les créanciers du mari antérieurs au mariage, mais seulement sur les biens dotaux; quoi de plus juste! n'est-ce pas elle qui les a mis dans le patrimoine du mari? ne faut-il pas lui accorder en quelque sorte le privilége du vendeur de notre droit? Sur les autres biens du mari elle n'a qu'une hypothèque prenant rang du jour du mariage, tacite il est vrai, mais de quoi se plaindraient les tiers dans une législation qui ne connaît que l'hypothèque occulte?

Justinien ne devait malheureusement pas s'en tenir à ces sages innovations, en 531 il publiait la constitution 12, *Qui potiores in pignore*, célèbre sous le nom de loi *Assiduis*. Il est fatigué, dit-il, des obsessions continuelles des femmes; elles sont sans cesse à gémir sur la perte de leur dot, il va les protéger d'une façon plus efficace. Autrefois, dit-il, la femme avait une action personnelle, elle avait le pas sur les autres actions personnelles; nous avons fait de son action personnelle une action réelle, il ne faut pas que cette faveur lui fasse perdre son privilége. Fort de cette argumentation, il décide que la femme aura une hypothèque privilégiée sur tous les biens de son mari; qu'elle primera tous les créanciers hypothécaires, quelle que soit la date de leur hypothèque. Est-il une loi plus injuste? Ah qu'un homme qui s'est contenté de la qualité de créancier chirographaire soit primé par la créance privilégiée de la femme ou par son hypothèque, rien de mieux, il a dû s'attendre à ce que des personnes plus diligentes ou moins confiantes stipuleraient des garanties qu'il n'a pas cru utile de prendre; mais qu'un créancier qui a eu recours à tous les moyens que la loi mettait à sa disposition pour se garantir contre l'insolvabilité de son débiteur, soit privé de ses droits parce qu'il aura plu au mari de se marier et de dissiper la dot de sa femme, c'est le comble de l'iniquité.

Le bénéfice de la loi *Assiduis* était accordé aux enfants mais non aux autres héritiers de la femme. Il ne garantissait ni l'exécution des donations *propter nuptias*, ni la restitution des créances paraphernales. Elles continuaient à ne jouir que d'une hypothèque simple.

De graves difficultés se sont élevées pour savoir si l'hypothèque privilégiée de la femme devait être préférée aux autres hypothèques privilégiées. Quand la femme n'avait qu'un droit personnel privilégié, elle primait « *omnes pene personales* » *presque* tous les autres créanciers chirographaires; maintenant qu'elle a une hypothèque privilégiée, va-t-il se trouver également des créanciers hypothécaires encore plus privilégiés qu'elle? Justinien a tranché la question pour quelques créances qui, comme celles de la femme, ont le bénéfice d'une hypothèque privilégiée; mais il n'a pas prévu toutes les hypothèses. Aux termes de la constitution 12, § 1, *Qui potiores*, et de la novelle 71, l'hypothèque d'une dot précédente prime celle de la dot actuelle. La femme est primée par le fisc pour la créance sur le *primipilus* et pour le recouvrement des impôts arriérés. (Loi 3, au Code *De primipilo*, et loi 1, *Si propter publicas pensitationes.*) La femme est encore primée par le créancier qui a fourni des deniers, *ad emendam malitiam* (novelle 97, chap. 4), et par l'*argentarius* pour toutes sommes prêtées par lui, mais en supposant une hypothèque spécialement réservée pour cet objet (novelle 13, chap. 3). Au contraire, la femme prime tous les autres créanciers, même ceux dont l'argent a servi à conserver ou à mettre la chose affectée à leur gage dans le patrimoine du mari.

Enfin, en 511, la novelle 109, produit du fanatisme religieux, vint enlever aux femmes hérétiques tous les droits concédés depuis Justinien, leur laissant tout au plus le simple privilége dont elles jouissaient avant lui. Toutefois, la preuve de leur orthodoxie n'était exigée qu'au moment même où elles invoquaient les dispositions si favorables des lois de Justinien, de sorte qu'une conversion subite suffisait pour leur en assurer le bénéfice. Cette loi était donc mauvaise au double point de vue du droit et de la religion.

Telle est, sur cette matière, la législation romaine dans son dernier état. Si maintenant nous nous transportons de l'empire d'Orient dans l'empire d'Occident, nous aurons à rechercher les traces de cette législation dans la Gaule, nous aurons à constater sa disparition à l'époque barbare, sa renaissance au XIIIe siècle, les restrictions et les modifications que lui apporta le droit coutumier; et, après ces notions historiques, nous étudierons l'hypothèque légale sous l'empire du Code Napoléon.

DROIT FRANÇAIS.

DE L'HYPOTHÈQUE LÉGALE DE LA FEMME MARIÉE.

NOTIONS HISTORIQUES.

SECTION PREMIÈRE.

DROIT ANCIEN.

L'idée d'un droit réel constitué sans aucun signe matériel de dessaisissement est une idée trop savante pour qu'elle puisse appartenir à une législation primitive, aussi n'hésitons-nous pas à penser que l'hypothèque n'était pas connue des Gaulois.

Lorsque le droit celtique fut remplacé par la législation romaine, l'hypothèque dut pénétrer en Gaule, mais elle ne réussit pas sans doute à s'y naturaliser, car si nous consultons le *Breviarium Alarici*, monument précieux du droit romain après l'invasion, nous y voyons toujours le mot *pignus*, jamais le mot *hypotheca;* et ce qui prouve que le mot *pignus* est pris dans le sens de gage proprement dit, c'est que le débiteur devra, pour le réclamer, rembourser au créancier les améliorations qu'il aura faites.

Si l'hypothèque eût été adoptée par la pratique gauloise, les rédacteurs du *Breviarum Alarici* en auraient certainement parlé, encore qu'elle ne fût pas connue dans le droit barbare, car la personnalité des lois était admise sans aucune discussion, et le but que se proposait Alaric, en faisant rédiger son *Breviarum*, n'était pas de modifier le droit romain pratiqué dans son royaume, mais d'en rendre l'application plus facile.

Le code des Bourguignons, chap. 19, et celui des Lombards, livre 2, titre 21, contiennent également des règles dont l'ensemble porte à conclure que ces peuples pratiquaient le gage réel et non l'hypothèque.

Les premiers siècles de la monarchie française n'ont laissé que des monuments peu certains sur la législation alors en vigueur. Nous trouvons toutefois une ordonnance de Philippe-Auguste, de février 1218, qui permet aux juifs de recevoir, en nantissement de ce qu'ils auront prêté, des portions d'héritages, mais seulement avec le consentement du seigneur duquel relève le débiteur : monument curieux, car il révèle l'existence, dès cette époque, de la coutume féodale que nul ne peut valablement vendre ni même hypothéquer ses immeubles qu'avec le consentement du seigneur.

§ 1. Pays de droit écrit.

Il nous faut attendre la seconde moitié du XIIIe siècle pour trouver dans quelques coutumes du midi, les premières traces de l'hypothèque légale. La coutume de Toulouse, accorde à la femme un droit tacite de préférence sur tous les créanciers du mari, sauf sur ceux qui auraient acquis antérieurement des droits réels. La seule condition est que son droit soit constaté d'une manière certaine et pour ainsi dire authentique. Elle n'est point soumise à l'obligation de demander le consentement du seigneur, bien qu'à cette époque ce soit une condition ordinairement exigée pour la constitution de l'hypothèque.

La restauration du droit romain, surtout l'étude du code de Justinien, firent accorder à la femme dans la nouvelle rédaction de la coutume de Toulouse au XVIe siècle des priviléges plus étendus. On lui accorda, conformément à la loi *Assiduis*, une hypothèque privilégiée sur tous les biens meubles et immeubles de son mari; toutefois, elle ne put réclamer les premiers quand ils étaient aliénés que s'ils étaient d'une grande valeur. Ce privilége était pourtant primé dans un cas, c'était celui d'un hypothèque spéciale antérieure au mariage ou plutôt au contrat de mariage (*Sic*, arrêt du parlement de Toulouse, 21 juillet 1593). Ce dernier tempérament apporté aux faveurs exorbitantes accordées à la femme devait lui-même disparaître dans le dernier état du droit, et nous lisons dans Furgole, le célèbre commentateur de l'ordonnance de 1747, que la femme devait être colloquée pour sa dot et pour ses intérêts par privilége à tous créanciers non privilégiés du mari, quoique antérieurs en hypothèque. (Des substitutions, titre 1er, art. 15, page 259).

Il n'y avait exception qu'au cas où les créanciers antérieurs au mariage avaient fait un acte de *dénonce* d'hypothèque à la femme avant la célébration du mariage. Le défaut de *dénonce* ne pouvait cependant être opposé aux enfants du premier lit par leur belle-mère; ils la primaient même pour la répétition des biens paraphernaux de leur mère. Le privilége exorbitant de la loi *Assiduis* était un privilége personnel qui n'était communiqué qu'aux enfants et nullement aux étrangers, pas même aux créanciers, à moins que la femme n'eût préparé l'action pendant sa vie.

L'ancien coutumier de Bordeaux accorde à la femme une hypothèque générale mais non privilégiée sur les biens de son mari. Le § 56 va jusqu'à donner pour base à cette hypothèque la totalité de l'immeuble que le mari possède indivis avec ses frères. Le § 103 répète la même disposition relativement à la donation à cause de noces ou augment de dot (1).

La coutume de Bordeaux fut revisée en 1520. Elle accorde à la femme une hypothèque pour la restitution de ses paraphernaux livrés au mari, mais seulement sur les biens de celui-ci. La règle du § 56, de l'ancienne coutume ne s'applique aux paraphernaux qu'autant que la somme à réclamer aurait été employée à améliorer l'immeuble indivis.

Telles étaient les coutumes de Toulouse et de Bordeaux dans leurs dispositions qui se rapprochaient tant du droit romain, par la faveur exorbitante qu'elles accordaient à la femme, mais tel n'était pas le droit commun des pays de droit écrit. La femme n'avait d'hypothèque que du jour du contrat de mariage ou, à défaut, du jour du mariage, pour la répétition de sa dot, et de ses paraphernaux et pour l'exécution de l'augment de dot et des autres conventions matrimoniales. Seul le parlement de Toulouse, constatons-le bien, reconnaissait une hypo-

(1) L'augment de dot est le douaire du pays coutumier (Dumoulin, ch. 4, *De donationibus inter virum et uxorem*.

thèque privilégiée à la femme, encore seulement pour la dot et les intérêts de la dot.

A la garantie de l'hypothèque, venait s'ajouter celle de l'inaliénabilité de la dot. Si le fonds dotal était aliéné par le mari avec ou sans le consentement de la femme, elle pouvait faire déclarer nulle l'aliénation et revendiquer le bien aliéné, suivant la loi 30, au Code *De jure dotium*.

Enfin les obligations que la femme contractait pour son mari ou pour toute autre personne n'étaient pas valables dans les pays de droit écrit; parce qu'elles constituaient des intercessions que le droit romain prohibait par les lois des titres du digeste et du code *ad senatus-consultum Velleianum*, et le droit romain était observé à cet égard dans les ressorts des parlements de Toulouse, de Grenoble, de Bordeaux et d'Aix. En vain l'édit de Henri IV, du mois d'avril 1606, avait abrogé le *sénatus-consulte Velléien*, il ne recevait son application que dans les pays coutumiers.

Après la dissolution du mariage, la femme ou ses héritiers pouvaient renoncer à se prévaloir de la nullité de l'aliénation du fonds dotal ou de l'obligation qu'elle avait contractée, et exercer une action hypothécaire contre le mari pour obtenir la valeur des biens aliénés et une indemnité pour les obligations contractées.

§ 2. Pays coutumiers.

Dans les pays de coutumes, l'hypothèque légale ne fut admise que bien postérieurement au XIIIe siècle; encore certaines coutumes l'ont entièrement rejetée.

Deux principes de l'ancien droit coutumier et le régime

matrimonial qu'il consacrait devaient longtemps empêcher l'admission de l'hypothèque légale.

Le premier de ces deux principes était l'obligation de demander la permission du seigneur pour constituer un droit réel. Ce principe a dominé tout le moyen âge, et les coutumes qui l'ont conservé jusqu'à la révolution repoussaient pour la plupart l'hypothèque de la femme comme incompatible avec ce principe. Non-seulement l'intervention du seigneur était exigée, mais tout droit de préférence était suivi d'une remise de l'objet engagé entre les mains du créancier. C'est ce que nous voyons dans tous les ouvrages de droit du XIIIe siècle. Ainsi dans les assises de Jérusalem, cour des Bourgeois ou du Vicomte, chap. 32 : ainsi, dans Beaumanoir et Pierre Desfontaines qui se servent toujours du mot *nans*, et indiquent bien par là que le créancier est nanti, a la possession.

Le deuxième principe du droit féodal qui a dû retarder l'admission de l'hypothèque légale de la femme est celui que mentionne le livre de *justice et de plet* (rédigé de 1260 à 1270, au livre VIII, tome III) : « Home peut vendre son héritage por son besoing, non por son preu (1), qu'il ne le face por son lignage déseriter. » Il y a déjà là l'idée de conservation des biens dans les familles, aussi voyons-nous très-fréquemment à cette époque faire intervenir dans tout acte important de vente ou de donation, les parents ou les enfants pour les faire renoncer aux droits qu'ils avaient sur l'objet aliéné.

Enfin le régime de la communauté ne faisait guère sentir la nécessité d'une hypothèque légale. La femme

(1) *Preu*, profit.

renonçait-elle à la communauté? elle reprenait ses immeubles francs et quittes de toutes charges. A quoi lui eût servi une hypothèque? à reprendre le mobilier qu'elle avait apporté! mais elle ne devait pas le reprendre, et la perte n'était pas considérable, car les valeurs mobilières ne se composaient alors que du mobilier meublant; le prêt à intérêt était défendu, et presque partout les rentes étaient immeubles; à réclamer son douaire! mais c'était un droit réel immobilier qui frappait une partie des immeubles du mari et que celui-ci ne pouvait faire disparaître par sa seule volonté; à recouvrer le prix de ses immeubles aliénés, ou à obtenir une indemnité à raison des obligations qu'elle avait contractées avec son mari! mais ces deux cas de recours étaient volontaires, et il ne tenait qu'à elle de ne pas être lésée: d'ailleurs, comme nous l'apprend Loyseau, dans son *Traité des offices*, livre III, chap. IX, § 16: « Avant l'année 1580, » époque de la réformation de la coutume de Paris, on ne » savait ce que c'était que le remploy par toute la France. » On disait lors que le mary ne se pouvait lever assez » matin pour vendre l'héritage de la femme; ou du » moins on pratiquait à plus forte raison que, vendant » volontairement le sien, il n'en pouvait prétendre de » remploy. Mais en conséquence de ce que par cette » même coutume tous advantages étaient prohibez entre » mary et femme, les réformateurs d'icelle introduisirent » fort justement le remploy, non pas en l'aliénation de » tous propres et de toutes choses réputées immeubles, » mais des héritages et rentes propres seulement. » On étendit cette disposition à la vente des offices.

La communauté telle qu'elle était organisée aux XIIIe, XIVe et XVe siècles ne laissait donc guère regretter l'absence de l'hypothèque légale, et il ne faut pas nous étonner si les documents principaux de cette époque, tels que l'ancienne coutume de Bourgogne du XIVe siècle (art. 66), le grand Coutumier de Charles VI (folios 53 et 31), Boutillier, auteur de la *Somme rurale*, composée à la fin du XIVe siècle (édition de Carondas, chap. 102), ne parlent nullement du droit d'hypothèque de la femme.

L'hypothèque légale de la femme ne devait pas cependant tarder à s'établir, non pas, il est vrai, en vertu d'un principe spécial, d'abord, mais seulement par application du droit commun. Vers la fin du XVe siècle, l'usage de l'hypothèque devint tellement général dans les pays du centre de la France, qu'on accorda la garantie de l'hypothèque à toute obligation passée dans la forme authentique ; la femme se trouva de la sorte protégée, dans tous les cas, où, par suite de stipulations insérées dans son contrat de mariage, elle fut créancière du mari ; et cela dut arriver fréquemment, car c'est à cette époque que l'on vit plusieurs conventions dérogatoires aux anciens principes prendre place dans les contrats de mariage. Ainsi la clause de réalisation et la faculté de reprendre son apport franc et quitte en cas de renonciation : ainsi encore le douaire coutumier consistant en un usufruit, fut souvent remplacé par une rente ou par la stipulation d'une somme dont on attribuait la propriété à la femme ; toutes ces clauses contenues dans les contrats de mariage, jouirent désormais de la garantie de l'hypothèque. Ce n'était pas encore là toutefois, nous le répétons, une faveur faite à la femme ; ce n'était que l'application du droit commun. Mais, dès 1557, le parlement de Paris reconnut une hypothèque à la femme sur tous les biens de son mari, pour le douaire coutumier, afin qu'elle pût se faire indemniser au cas où elle avait renoncé à son droit d'usufruit, et au cas où il lui avait été enlevé par des créanciers antérieurs au mariage. Dès lors l'hypothèque légale proprement dite était censtituée dans les pays de coutume.

Un peu plus tard, en 1580, la coutume de Paris fut réformée et proclama, dans l'art. 232, l'obligation du remploi ou récompense au cas de vente pendant le mariage, d'un héritage ou du rachat d'une rente. A la même époque, nous trouvons les premiers arrêts relatifs à l'hypothèque légale pour remploi des propres aliénés ou indemnité des dettes. (Arrêts du parlement de Paris, mars 1565, 19 décembre 1585). « L'hypothèque est » tacitement accordée à la femme, nous dit Ferrières, » dans son Commentaire de la coutume de Paris » (art. 237, § 11), pour le remploi de ses propres, à » l'exemple du mineur qui a l'hypothèque tacite sur les » biens de son tuteur, du jour de la tutelle, pour le reli» quat de son compte, la femme n'étant pas moins sous » la puissance de son mari que le pupille sous celle de » son tuteur. Autrement il dépendrait d'un mari de ruiner » sa femme en la faisant consentir à l'aliénation de ses » biens après avoir emprunté des sommes qui excéderaient » la valeur de ses biens. » L'hypothèque de la femme donna lieu cependant à des controverses; mais dès la fin du XVIe siècle, on ne lui contestait déjà plus son hypothèque, mais seulement le droit de la faire remonter au jour du contrat de mariage. S'il y avait dans le contrat de mariage stipulation de remploi, l'opinion commune accordait à la femme une hypothèque du jour du contrat de mariage. Ainsi avait jugé un arrêt du 17 février 1601. Il y avait plus de difficulté si le remploi n'avait pas été stipulé : néanmoins, plusieurs arrêts avaient décidé la question en faveur de la femme et faisaient remonter même dans ce cas l'hypothèque au jour du contrat de mariage. (Arrêts du parlement de Paris du 6 mai 1609, du 18 juin 1616, du 15 décembre 1614; — arrêt de 1634, rendu dans la coutume du Maine; — arrêt du 16 février 1654, rendu dans la coutume de Senlis.)

La raison de douter était que la femme, par le consentement qu'elle avait donné à la vente des héritages de son mari hypothéqués à sa dot, remplois, obligations, semblait avoir renoncé au droit qu'elle avait, au profit de l'acheteur, et qu'elle ne pouvait dès lors préjudicier aux créanciers postérieurs. Mais on répondait qu'en donnant son consentement à la vente, elle n'avait point renoncé à l'hypothèque générale qu'elle avait par son contrat de mariage sur tous les biens présents et à venir; et que la subrogation de la nouvelle hypothèque au lieu de la première, qu'elle avait abandonnée par son consentement à l'aliénation des biens qu'elle grevait, devait être réputée avoir été faite avec son droit de priorité, même au préjudice des tiers.

« L'hypothèque pour l'indemnité des obligations con-
» tractées, a le même fondement que l'hypothèque du
» remploi, nous dit Ferrières, dans son Commentaire de
» la coutume de Paris (art. 237, § 13). L'une et l'autre
» lui était données par les arrêts pour la conservation de
» sa dot, vu qu'autrement la plupart des femmes, après
» la dissolution du mariage, n'auraient eu qu'une action
» inutile pour en avoir la restitution. » Seulement, dans ce cas comme dans le précédent, il y avait question pour

savoir si l'hypothèque daterait du jour du contrat de mariage ou du jour de l'obligation contractée. Si le contrat de mariage portait que si la femme contractait quelque obligation pendant le mariage elle aurait hypothèque pour son indemnité du jour du contrat, il avait été admis, sans grande difficulté, que son hypothèque remonterait au jour du contrat. (Arrêt du 20 mars 1588, arrêt de la grande chambre du 17 mars 1608, arrêt du 7 septembre 1656.) — Si cette clause avait été omise, la question faisait plus de doute, et elle avait été jugée diversement. Néanmoins, on finit par accorder à la femme, qui s'était obligée avec son mari, une hypothèque pour son indemnité, du jour du contrat de mariage. (Audience de la grande chambre, 17 mars 1605; — arrêt du 25 avril 1642, 5e chambre des enquêtes; — 7 septembre 1645, chambre de l'édit.)

La déclaration du roi de 1673, concernant l'établissement des greffes pour la conservation des hypothèques, portait expressément (art. 61) que les femmes auraient indemnité et hypothèque du jour de leur contrat de mariage sur les biens de leur mari, pour les obligations qu'elles auraient contractées avec lui. L'édit fut révoqué il est vrai, mais la question ne fit plus de difficulté dans la jurisprudence, elle fut décidée unanimement en faveur de la femme.

En résumé, l'hypothèque légale de la femme ne date dans les pays de coutumes que du XVIe siècle : mais dès la fin de ce siècle elle est arrivée à son complet développement; et si quelques points sont encore contestés, l'existence de l'hypothèque ne fait plus difficulté, le rang seul fait encore question.

Nous n'avons plus qu'une dernière observation à

ajouter : dans les pays coutumiers le droit de préférence que donne l'hypothèque, comme le droit de suite, ne s'exerce que sur les immeubles ; seulement à cette époque on considère comme susceptibles d'hypothèques, l'hypothèque elle-même, les rentes foncières et les offices généraux de judicature ou de finance. Dans les pays de droit écrit, au contraire, le droit de préférence que donne l'hypothèque s'exerce sur le prix des immeubles et des meubles. Mais le droit de suite ne s'exerce plus sur ceux-ci, ce qui est une dérogation aux principes admis au XVIe siècle dans le parlement de Toulouse, où l'on n'exceptait que les meubles de peu de valeur.

§ 3. Pays de nantissement.

L'hypothèque légale eut encore plus de peine à s'établir dans certaines coutumes dites de *Nantissement*, elles étaient suivies au nord de la France, dans la Picardie, dans le Vermandois, dans la Flandre, dans l'Artois. On y avait conservé les anciennes formalités de l'inféodation et de la saisine pour la constitution des droits réels. L'hypothèque ne pouvait être efficacement constituée sur un immeuble quelconque, qu'à l'aide de certaines formalités judiciaires, par lesquelles le débiteur était censé se démettre de son héritage entre les mains du seigneur dont il relevait ; en faire *investir*, *saisir* ou *nantir* le créancier par les officiers de ce seigneur, et l'hypothèque n'avait date et rang que du jour de l'acte constatant l'accomplissement de cette formalité qui le plus souvent s'appelait *nantissement*, *œuvre de loi*, *saisine*. Il résultait de là que l'héritage servant de nantissement, ne pouvait plus être engagé ni aliéné, au préjudice du créancier qui était préféré à tous ceux qui n'avaient pas pris la même précaution ou qui l'avaient prise postérieurement.

De pareilles coutumes devaient se refuser à admettre comme incompatible avec leurs dispositions, une hypothèque résultant du fait seul du mariage. Néanmoins au XVIIIe siècle, les coutumes suivies dans les provinces de Picardie et de Vermandois, se virent forcées, par une sorte de subterfuge, d'adopter la plupart des dispositions de la coutume de Paris, relatives au douaire et à l'hypothèque légale. Ces provinces relevaient du parlement de Paris, et ce parlement enregistra les édits sur les donations et les substitutions qui supposaient l'existence de l'hypothèque légale, sans réserver le droit des coutumes des provinces de Picardie et de Vermandois. Enfin après l'édit de 1771, toutes furent forcées d'accepter l'hypothèque occulte.

Les coutumes des provinces d'Artois et de Flandre ne pouvaient être victimes d'un pareil subterfuge. Elles avaient pour les protéger une juridiction supérieure et indépendante, aussi les édits ne furent jamais enregistrés qu'avec réserve expresse qu'on n'entendait nullement par là déroger aux principes établis.

§ 4. Ordonnances royales.

A côté du droit coutumier et du droit écrit dans lesquels nous sommes allé puiser quelques renseignements historiques sur l'hypothèque légale, il nous faut placer les ordonnances royales qui ont réglementé directement ou incidemment la matière.

La faiblesse de la royauté pendant tout le moyen âge, l'absence de toute centralisation, résultat inévitable de la dissémination des pouvoirs à l'époque féodale, la résistance que la royauté rencontra plus tard dans les parlements nous expliquent suffisamment que les rois de France n'aient exercé que très-tard la puissance législative dans les matières de droit civil. Ils respectent les coutumes et les usages dès qu'il n'y a pas de raisons majeures et politiques qui les forcent d'intervenir, comme par exemple en matière de substitutions (édits de 1560 et de 1566). Cependant, dès 1581, un édit de Henri III assujettit les hypothèques à une certaine publicité. Il créa dans chaque siége royal un office de contrôleur des titres pour enregistrer tous les contrats qui excéderaient cinq écus de principal ou 30 sous de rente foncière, et la sanction du défaut de contrôle et d'enregistrement dut être que ces actes n'emporteraient point de droit de propriété ni d'hypothèque. Cette ordonnance, il faut le reconnaître, avait beaucoup moins en vue le crédit général qu'un intérêt fiscal. Quoi qu'il en soit, les offices ne purent être établis que dans un petit nombre de lieux, l'opinion publique l'emporta et l'édit fut révoqué en 1588.

Une ordonnance fort remarquable est celle de Louis XIV en 1673 « portant établissement des greffes pour l'enregistrement des oppositions des créanciers hypothécaires. » Elle est due à l'inspiration de Colbert. Tout créancier privilégié doit, s'il veut conserver son droit de préférence, former son opposition dans les quatre mois du contrat (art. 24). Son opposition doit contenir les sommes et les droits pour lesquels elle est formée. Il est fait exception à ce principe en faveur des femmes. Elles jouiront, sans qu'elles aient besoin de former une opposition, d'une hypothèque prenant rang du jour du contrat de mariage pour sûreté de leur dot, de leur douaire et de l'indemnité pour obligations contractées avec leur mari. N'est-ce pas là la dispense d'inscription de notre article 2135 ? Puis les articles 63 et 64 de l'ordonnance fixent à la femme redevenue libre un délai pour s'inscrire, si elle veut conserver son hypothèque à son rang primitif. La femme séparée de biens a quatre mois, et la veuve a une année. C'est là une règle très-rationnelle que notre code avait omise et que la loi du 23 mars 1855 a rétablie.

Malheureusement, l'ordonnance de 1673 rencontra des difficultés dans son exécution, et elle fut révoquée par une ordonnance de 1674.

Au XVIIIe siècle, nous trouvons, dans trois célèbres ordonnances, des dispositions relatives à l'hypothèque légale de la femme. La première est l'ordonnance de 1731, sur les donations : elle s'occupe incidemment de l'hypothèque légale. L'article 42 porte que les biens révoqués pour cause de survenance d'enfants « rentreront dans le patrimoine du donateur, libres de toutes charges et hypothèques du chef du donataire, sans qu'ils puissent demeurer affectés, même subsidiairement, à la restitution de la dot de la femme dudit donataire, reprises, douaires ou autres conventions matrimoniales ; ce qui aura lieu quand même la donation aurait été faite en faveur du mariage du donataire et insérée dans le contrat, et que le donataire se serait obligé comme caution, par ladite donation, à l'exécution du contrat de mariage. » Ricard, dans son *Traité des donations*, 3e partie, chap. VI, section VII, §§ 652 et suiv., combattait déjà la doctrine de certains auteurs et la jurisprudence des parlements de Paris et de Toulouse, qui conservait à la femme, pour sûreté de son douaire, de ses conventions matrimoniales, de sa dot et de l'augment de dot, une action subsidiaire sur les donations révoquées pour survenance d'enfants. L'ordonnance a suivi cette doctrine, et même elle est allée plus loin que Ricard : elle refuse toute action subsidiaire à la femme, même si le donateur s'est obligé, comme caution, à l'exécution du contrat de mariage. Or, Ricard, dans son n° 657, admettait, en pareil cas, le recours subsidiaire de la femme, parce que, disait-il, le donateur, en vertu de ce cautionnement, a contracté une obligation qui n'a pas un principe gratuit à l'égard de la femme, et dès lors le bénéfice de la loi *si unquam* ne peut nullement s'y appliquer. Le code Napoléon a reproduit textuellement l'article 42 de l'ordonnance dans l'article 963, sans s'inquiéter si la dernière partie de l'article 42 pouvait encore avoir quelque signification avec notre régime hypothécaire. On avait eu bien soin de dire, dans l'ordonnance, que la femme ne conserverait pas son hypothèque sur les biens révoqués pour cause de survenance d'enfants, quand même le donateur se serait obligé, comme caution, à l'exécution du contrat de mariage, et c'était utile à dire, car, en principe, le cautionnement emportait hypothèque sur tous les biens de celui qui se portait caution dans un acte authentique : mais, dans le système de notre code, il n'en est pas ainsi ; par conséquent, la dernière partie de l'article 463 est complétement inutile.

L'ordonnance de 1747 sur les substitutions, rédigée par le chancelier d'Aguesseau, règle, dans les articles 44 et suivants du titre Ier, de nombreuses difficultés qui s'étaient élevées relativement à l'hypothèque de la femme sur les biens substitués. Les décisions de l'ordonnance sont en général conçues dans un esprit favorable aux femmes.

L'article 44 leur accorde une hypothèque ou un recours subsidiaire sur les biens substitués, tant pour le fonds ou capital de la dot, que pour les fruits ou intérêts qui en seront dus. Malgré la rédaction générale de l'article 44, il faudrait, je crois, et c'est l'opinion de Furgole, le commentateur de l'ordonnance (titre Ier, art. 44, p. 234), refuser à la femme tout recours subsidiaire sur les biens d'une substitution échue à son mari depuis son contrat de mariage. Deux arrêts du parlement de Paris, du 5février 1658 et du 20 avril 1617, s'étaient prononcés dans ce sens.

Les art. 45 et 46 accordent la même hypothèque à la femme pour le fonds et les intérêts du douaire, pour l'augment, le gain de survie et les autres conventions matrimoniales, qui tiennent lieu d'augment dans les pays où elles sont en usage, pourvu, toutefois, que l'augment n'excède pas le tiers de la dot constituée.

Les art. 47 et 48, conformes en cela à la pratique générale, refusent à la femme tout recours, sur les biens substitués, pour le préciput, pour la donation des bagues et joyaux et pour le deuil, et, ce qui est très-remarquable, pour *le remploi des propres aliénés et l'indemnité des dettes.*

Après avoir réglé et déterminé à quelles créances doit être accordée la garantie d'un recours subsidiaire ; l'ordonnance détermine quelles seront les femmes appelées à jouir de ce bénéfice. Certains auteurs ne voulaient accorder d'action subsidiaire qu'une fois, c'est-à-dire à la première femme de l'héritier institué, la refusant aux autres et aux femmes des substitués.

D'autres bornaient l'hypothèque subsidiaire des femmes au tiers du montant du fidéicommis, de manière qu'il restât toujours au moins les deux tiers aux substitués. L'ordonnance fit cesser tous ces doutes, et décida que le recours subsidiaire accordé aux femmes devait avoir lieu dans tous les degrés de substitution et en faveur de chacune des femmes que ceux qui sont grevés de substitution auraient épousées successivement.

Elle n'excepte de cette faveur que les secondes femmes de l'héritier grevé ou des substitués, lorsqu'elles voudraient exercer leur action subsidiaire contre les enfants ou descendants du mariage antérieur, appelés à recueillir la substitution.

On jugeait au parlement de Toulouse et dans quelques autres parlements, que l'action subsidiaire sur les biens substitués, ne devait être accordée aux femmes des héritiers grevés ou des substitués, que quand la substitution était faite par un ascendant ; on la leur refusait si elle était faite par un collatéral ou par un étranger. D'autres parlements étaient d'un avis contraire. L'ordonnance tranche la question en faveur des femmes et ordonne qu'elles jouiront de l'hypothèque subsidiaire, encore que l'auteur de la substitution soit un parent collatéral ou un étranger, pourvu néanmoins qu'elle soit faite en faveur des enfants du grevé ou en faveur d'un autre, au cas que le grevé vienne à décéder sans enfants.

Les héritiers, successeurs ou ayants cause de la femme pourront exercer à sa place l'hypothèque subsidiaire sur les biens substitués, quand même elle n'aurait pas préparé l'action. Cela avait fait doute au parlement de Toulouse. Un arrêt du mois de mars 1610 y avait vu un privilége personnel non transmissible aux héritiers et créanciers de la femme, mais seulement à ses enfants, comme le privilége de la loi *Assiduis ;* mais le parlement de Toulouse revint plus tard sur cette jurisprudence et ne vit dans cet action subsidiaire qu'un droit réel attaché à la dot, et ne constituant nullement un privilége. C'est cette dernière jurisprudence que l'ordonnance a consacrée.

Les substitutions sont prohibées en principe dans notre droit; elles ne sont permises que dans quelques cas exceptionnels (896, 1048 et 1049). Aussi les questions dont nous venons de voir la solution dans l'ordonnance ne se présenteront que rarement. Quoi qu'il en soit, le législateur a dû régler le droit des femmes sur les biens substitués; mais il l'a fait dans un sens bien moins favorable aux femmes que ne l'avait fait l'ordonnance. Les femmes des grevés ne pourront avoir, sur les biens à rendre, de recours subsidiaire, en cas d'insuffisance des biens libres, que pour le capital des deniers dotaux. L'ordonnance accordait ce recours, même pour les intérêts de la dot. Une deuxième dérogation consiste en ce que le code exige que le disposant ait expressément accordé ce recours subsidiaire. Nous déciderons, avec MM. Grenier (n° 378), Duranton (n° 595), Dalloz (sect. 2, art. 5), contrairement à Toullier (n° 745), à M. de Villargues (Répertoire de Favard, sect. 2, § 5) et au *Journal du Palais* (Répertoire, sect. 7), que ce serait en vain que le disposant autoriserait le grevé soit à donner un recours subsidiaire à d'autres créanciers que sa femme, soit à étendre l'hypothèque légale de celle-ci aux intérêts de sa dot, aux sommes dues pour aliénation de ses propres, etc. Dans les matières de droit strict, il n'est pas vrai de dire que qui peut le plus peut le moins; pour n'en citer qu'un exemple, il suffit de nous reporter à l'art. 945. Le disposant eût pu ne pas donner, mais il ne peut donner sous certaines conditions.

Peut-être eût-il été plus méthodique de ne traiter des

art. 963 et 1054 que plus tard, quand nous serons arrivé à l'étude de l'hypothèque légale sous l'empire du code Napoléon. Nous l'aurions fait, si nous n'avions pensé qu'il pourrait y avoir quelque avantage, au moment où nous parlions des ordonnances de 1731 et de 1747 à étudier en même temps les articles de notre code qui leur correspondent et à faire remarquer tout de suite les ressemblances et les différences des deux législations. Nous n'aurons plus désormais à revenir sur ces dispositions spéciales qui constituent des exceptions aux principes généraux.

Une troisième ordonnance, la plus importante assurément au point de vue de la matière qui nous occupe, fut rendue en 1771 sous le chancelier Maupeou. Elle avait pour objet de fixer d'une manière invariable l'ordre et la stabilité des hypothèques, afin de favoriser les mutations de propriété. Tout acquéreur d'un bien vendu par décret, ce qui équivaut à l'expropriation forcée d'aujourd'hui, obtenait une propriété incommutable. Les droits d'hypothèques entre autres étaient éteints faute d'opposition, excepté ceux qui garantissaient le douaire non ouvert. Au cas d'aliénation volontaire, les acquéreurs pour obtenir les mêmes avantages avaient recours aux formalités du décret, mais comme il n'y avait là qu'une saisie fictive, on le nommait décret volontaire. Les frais en étaient énormes et rendaient impossible la vente des immeubles de peu de valeur. Les acquéreurs ne voulaient pas faire les frais d'un décret volontaire, et d'autre part ils craignaient d'être obligés de déguerpir ou de payer deux fois le prix. L'édit de 1771 eut pour but d'abroger l'usage des décrets volontaires, de le remplacer par des formalités moins coûteuses et moins longues, qui permissent aux propriétaires de disposer de leurs biens, d'en recevoir le prix pour l'employer aux besoins de leurs affaires, aux acquéreurs de rendre stable leur propriété et de se libérer du prix de leur acquisition sans être obligés de garder longtemps des deniers oisifs. Les acquéreurs, pour se mettre à l'abri de toute éviction, durent afficher leur contrat pendant deux mois et le notifier aux créanciers qui avaient formé leurs oppositions au bureau des hypothèques. Au moyen de ces formalités qui sans contredit étaient préférables au décret volontaire, les acquéreurs reçurent sous le titre de lettres de ratification un acte d'affranchissement de toutes les hypothèques des créanciers qui négligeaient de s'opposer, avant le sceau des lettres (art. 7); on n'avait pas cru cependant pouvoir mettre les acquéreurs à l'abri des hypothèques légales des femmes pour leur douaire non ouvert. Nous croyons que ce que l'art. 32 disait du douaire était applicable à l'augment de dot, qui était le douaire des provinces du Midi.

SECTION II.

DROIT INTERMÉDIAIRE.

L'assemblée constituante de 1789 chargea un de ses comités de la rédaction d'un projet de réforme hypothécaire en prenant pour base la spécialité et la publicité. Ses pouvoirs expirèrent avant que ce projet fût converti en loi.

La convention voulut promulguer un code civil uniforme pour toute la France ; deux projets furent successivement préparés par Cambacérès en 1793 et en 1794. Ils contenaient la suppression de toute hypothèque tacite, les jugements et les actes authentiques emportaient hypothèque sauf les conditions de publicité. Les graves événements politiques qui s'accomplirent en France empêchèrent cette assemblée d'exécuter son projet; mais elle promulgua une loi relative aux hypothèques, la loi du 9 messidor an III. Elle est la première qui ait posé le principe consacré depuis par toutes les lois postérieures, de la publicité de l'hypothèque et de l'inscription; elle n'en dispense pas même les hypothèques légales; elle abolit toute hypothèque tacite, les femmes peuvent seulement, comme tout créancier, stipuler des hypothèques conventionnelles. On y trouve consignée la tentative de mobilisation du sol au moyen de l'hypothèque sur soi-même et de cédules hypothécaires, sorte d'alliance monstrueuse du papier monnaie et de la propriété foncière; aussi cette loi ne devait jamais recevoir son application. Cinq fois prorogée, elle fut enfin abrogée par la loi du 11 brumaire an VII sur le régime hypothécaire.

Elle reconnaissait aux femmes une hypothèque légale, mais elle ne leur donnait rang que du jour de l'inscription, et l'hypothèque ne frappait que les immeubles dont le mari était propriétaire lors de l'inscription; pour ceux acquis postérieurement, il fallait recourir à la même formalité. L'article 17 dispensait l'inscription de l'hypothèque légale de la désignation des immeubles, mais elle devait contenir le montant des capitaux et accessoires, l'époque de l'exigibilité, et, s'il s'agissait de rentes ou prestations en nature, l'évaluation en numéraire. Cependant, s'il s'agissait de droits matrimoniaux éventuels, ni ouverts, ni déterminés, la femme était dispensée d'en déclarer le montant ; il lui suffisait, aux termes de l'article 21, d'énoncer la nature du droit et l'époque où il avait pris naissance.

L'inscription valait pour toute la durée du mariage et pour une année après sa dissolution.

Nous sommes arrivés à la rédaction du Code Napoléon. « La matière des hypothèques, disait le tribunal d'appel » de Rouen, est sans contredit la plus importante de » toutes celles qui doivent entrer dans la composition » d'un Code civil. Elle intéresse la fortune mobilière et » immobilière de tous les citoyens, elle est celle à laquelle » toutes les transactions sociales se rattachent. Suivant la » manière dont elle est traitée elle donne la vie et le mou- » vement au crédit public et particulier, ou elle en est le » tombeau. » La question capitale en matière d'hypothèques, celle que le législateur devait avant toutes résoudre, était celle de savoir s'il conserverait les grands principes de publicité et de spécialité posés par la loi de brumaire. Le projet présenté par la commission du gouvernement, en l'an VIII, rétablissait à peu de choses près le système des hypothèques, tel qu'il existait après l'édit de 1771 ; ce projet fut soumis aux tribunaux d'appel, 22 sur 30 l'adoptèrent. Le tribunal de cassation, les tribunaux d'appel de Paris, Lyon, Bruxelles, Rouen, Caen, Douai, Grenoble et Montpellier se prononcèrent au contraire pour la conservation du régime hypothécaire de l'an VII.

Le projet arriva devant la section de législation du Conseil d'État ; ici encore deux opinions se formèrent, et il fut résolu qu'un rapport dans chaque sens ouvrirait la discussion devant le Conseil d'État. Le rapporteur, favorable au retour de l'ancienne législation, était M. Bigot Préameneu; M. Réal devait défendre le système de la loi de l'an VII.

M. Bigot Préameneu combattait le système de publicité, parce que suivant lui il n'atteignait nullement le but qu'on s'était proposé en l'établissant, qui était de donner aux créanciers une connaissance certaine de l'état de la fortune de leur débiteur, et de les mettre à l'abri de toutes les hypothèques antérieures. La plus grande masse des immeubles, disait-il, est grevée d'hypothèques indéterminées non susceptibles d'évaluation même approximative, qui ne permettent pas de connaître la situation du plus grand nombre des propriétaires. Un autre inconvénient du système de publicité, est d'interdire aux familles de garder le secret de leurs affaires. Puis arrivant à des motifs qui ont trait plus directement encore à la matière qui fait l'objet de ce travail, il disait que la loi serait en contradiction avec elle-même, si d'une part elle déclarait que l'ordre public exige que le droit d'hypothèque soit inhérent à telle créance, tandis que d'autre part elle ferait dépendre cette hypothèque d'une inscription qui pourrait être involontairement ou même volontairement omise, ce serait créer d'une main ce que l'on détruirait de l'autre. Pourrait-on n'être pas indigné en voyant une femme ainsi dépouillée du patrimoine qu'elle aurait apporté, pour le livrer aux créanciers envers lesquels il aurait plu au mari de s'obliger et qui pourraient même être de collusion avec lui? On réclame l'inscription dans l'intérêt des créanciers postérieurs, mais à l'égard des hypothèques légales, n'est-ce pas une formalité inutile? L'état de femme mariée n'est-il pas rendu complétement notoire par les solennités qui l'accompagnent et par la cohabitation des époux. La qualité de tuteur n'est-elle pas publique?

« M. Bigot Préameneu combattait le principe de la spécialité de l'hypothèque, parce qu'en réduisant aux biens présents la faculté d'hypothéquer, l'exercice du droit de propriété se trouverait resserré dans des limites qui n'avaient encore jamais été posées, et qu'il en résulterait une grande altération du crédit public. Celui qui n'aurait que peu d'immeubles ou qui n'en aurait point au moment où il aurait besoin d'emprunter, trouverait-il donc un prêteur aussi facilement que si avec ses biens présents il pouvait hypothéquer ceux à venir? Il est d'ailleurs un grand nombre de droits d'hypothèque qui seraient souvent nuls si l'application ne pouvait en être faite aux biens futurs. Telles sont les hypothèques légales et judiciaires. La loi de l'an VII le reconnaissait elle-même pour les premières. N'y aurait-il pas contradiction à soutenir qu'on ne peut, sans donner trop d'extension à l'exercice du droit de propriété, appliquer le droit d'hypothèque aux biens futurs du débiteur, tandis qu'on est forcé de convenir que dans des cas nombreux, cela est juste et nécessaire?

Croit-on que le système de la spécialité préservera des lenteurs et des frais de l'ordre entre créanciers? Erreur! Le créancier prendra des inscriptions spéciales sur tous les biens présents; fussent-ils d'une valeur plus que double de la somme prêtée, il prendra cette inscription à tout événement, elle pourra lui être utile sans pouvoir lui préjudicier, et le débiteur sera trop pressé par le besoin d'un emprunt actuel pour être arrêté par la considération d'un emprunt ultérieur que souvent il ne prévoira pas. Aussi ne verra-t-on pas diminuer d'une façon sensible le nombre des créanciers qui se présenteront sur chaque immeuble.

M. Réal, au nom des membres de la section qui s'étaient prononcés pour le maintien de la loi de brumaire, répondit que le but que devait réaliser toute législation hypothécaire était de fournir à l'acquéreur sécurité dans son acquisition, facilité et sécurité dans sa libération : il faut, disait-il, que le propriétaire d'un immeuble non grevé puisse jouir de la totalité du crédit que lui assure sa propriété, que le propriétaire d'un immeuble dont la valeur est affectée à quelque créance, trouve dans la loi le moyen de jouir d'un crédit égal à la valeur dont sa propriété surpasse l'engagement qui la grève ; il faut que le capitaliste trouve dans la législation un moyen sûr, infaillible, de connaître la fortune de celui avec qui il traite, et la certitude que la garantie qu'il acquiert ne pourra lui être enlevée. Toutes ces conditions se trouvent réunies, disait M. Réal, dans le système hypothécaire créé par la loi de brumaire. Le principe de la publicité et de la spécialité des hypothèques est essentiellement conservateur de la propriété, créateur du crédit public et particulier, régénérateur de la bonne foi et des mœurs, tandis que le plus cruel ennemi de la propriété, du crédit, de la bonne foi, est le principe de l'hypothèque clandestine et générale.

Après ces deux rapports la discussion s'engage : M. Treilhard et le consul Cambacérès soutiennent la loi de l'an VII, M. Tronchet la combat. M. Portalis propose alors un système conciliateur. L'édit de 1771 est insuffisant suivant lui, il promet une sûreté qu'il ne donne pas, car en offrant le moyen de conserver les hypothèques il n'avertit pas de celles qui existent au moment où l'on contracte. La publicité établie par la loi de brumaire est certainement préférable si on ne veut pas l'ériger en principe absolu et l'étendre aux engagements qui naissent du mariage et de la tutelle. Il veut conserver le système de publicité de la loi de brumaire, mais y apporter exception pour les hypothèques légales de la femme et du mineur.

Le premier consul résumant en quelque sorte le débat, précise les divers systèmes et les raisons qui militent en faveur de chacun d'eux, et conclut en faveur du système de conciliation de M. Portalis. MM. Treilhard et Jollivet prennent la parole, le premier pour démontrer les avantages de la publicité absolue, le second pour observer que vainement on adoptera la publicité en principe, si l'on fait exception pour les biens des maris et des tuteurs, qui forment la moitié de la société. Tout est inutile. Le Conseil, entraîné par l'opinion du premier consul, adopte en principe que toute hypothèque sera publique, que l'hypothèque conventionnelle sera spéciale;

« Que la sûreté de la femme et du mineur doit être préférée à celle des acquéreurs et des prêteurs. »

S'il nous est permis d'émettre une opinion sur une question qui a divisé tant de jurisconsultes éminents, nous dirons, que nous ne pouvons qu'applaudir à l'admission du système de M. Portalis; pour nous le principe de la publicité absolue équivaut à la suppression de l'hypothèque légale. Que le législateur refuse à la femme le bénéfice de l'hypothèque légale, ou qu'il la lui accorde telle qu'elle puise dans la loi seule et son existence et son efficacité; que la femme ne soit obligée de rien faire contre son mari, pas plus pour conserver que pour acquérir des garanties contre lui; qu'elle ne soit point obligée de recourir à des conseils étrangers dont le contrôle exciterait la juste défiance du mari : « c'est à la loi » à être défiante ; la loi de défiance ne blessera personne, » l'acte de défiance de la part de la femme sera blessant » pour le mari. » (M. Demante, Discours à l'assemblée législative. Moniteur du 7 janvier 1851.)

C'est là, nous en convenons, une atteinte bien grave au principe de la publicité ; sans doute le crédit foncier en sera affecté, mais c'est surtout à ceux qui ne peuvent pourvoir par eux-mêmes à la conservation de leurs droits et de leurs intérêts que la loi doit appui et protection.

D'ailleurs le système de la publicité absolue est-il praticable? Comment fixer d'avance la valeur de tous les droits éventuels ou indéterminés conservés par l'inscription de l'hypothèque légale ; et s'ils ne sont pas évalués d'une manière certaine quelle sera l'utilité de l'inscription ? Comment ensuite connaître l'existence et la situation de tous les immeubles du mari, quand ces biens sont acquis après la célébration du mariage ou lorsqu'ils sont dispersés dans plusieurs arrondissements? Bien plus, tous ces droits étant évalués, tous ces immeubles étant connus, qui sera chargé de prendre l'inscription ? plusieurs textes ont chargé des parents de la femme, ses amis, le procureur impérial de faire inscrire son hypothèque ; ils sont restés sans exécution. En 1841 sur 245,000 mariages environ et un nombre considérable de tutelles, il n'avait encore été pris que 6,799 inscriptions pour hypothèque légale (1).

Concluons donc avec la Cour de cassation « que l'in» térêt de la femme, qui est en même temps celui des en-

(1) Documents sur la réforme hypothécaire.

» fants, celui du patrimoine de la famille, celui de l'État, » est préférable à l'intérêt des tiers qui agissent libre- » ment et volontairement quand ils prêtent ou achè- » tent. »

Si nous demandons le maintien de l'hypothèque générale de la femme dispensée d'inscription, nous déplorons, avec la Faculté de Paris et la Cour de Lyon, en 1841, que, par une bizarre négligence, la loi ne donne aucune sûreté aux femmes mariées dont les maris n'ont qu'une fortune mobilière. Aucun placement, aucun cautionnement ne sont alors exigés. Le mari a-t-il des immeubles considérables, le gage de la femme sera complet, peut-être même exagéré ; au contraire, n'a-t-il pas d'immeubles, la femme n'a plus de sûreté, la loi ne songe plus à elle. Combien n'est-ce pas regrettable aujourd'hui, plus encore qu'en 1841, en présence du développement immense de la fortune mobilière, en présence de l'esprit immodéré de spéculation qui tend à reléguer la fortune immobilière au second rang ; aujourd'hui qu'un si grand nombre de maris, dans le but de se créer des revenus plus considérables, souvent, il est vrai, pour satisfaire au luxe de leurs femmes, réalisent toute leur fortune immobilière et placent leurs capitaux dans des valeurs soumises à toutes les fluctuations de la bourse ! Et pourtant le législateur n'a rien ordonné.

La Cour de Lyon, effrayée d'une pareille situation, demandait que, si le mari n'avait pas d'immeubles et ne pouvait offrir de sûreté hypothécaire, le débiteur de la dot ne fût libéré qu'en versant le montant de sa dette dans la caisse des consignations ou dans une caisse spéciale. Le mari ne devait toucher que les intérêts ou les sommes partielles reconnues nécessaires à l'entretien de la famille ou à l'éducation des enfants. S'il acquérait des immeubles suffisants, toutes ces restrictions devaient cesser aussitôt.

C'est là un remède pour la femme mariée sous le régime dotal, peut-être même pourrait-il s'appliquer sous le régime de la communauté pour assurer la restitution des sommes provenant des propres aliénés, mais pour l'indemnité des dettes où trouver le moyen de protéger la femme? Faudra-t-il renouveler le sénatus-consulte velléien? Que de réformes sont nécessaires, mais que de difficultés à résoudre!

CODE NAPOLÉON.

CHAPITRE PREMIER.

ACQUISITION DE L'HYPOTHÈQUE LÉGALE DE LA FEMME.

SECTION PREMIÈRE.

EN FAVEUR DE QUELLES FEMMES EST-ELLE ÉTABLIE ?

L'hypothèque légale est attachée par la loi aux droits et créances des femmes sur les biens de leur mari. Elle suit la qualité de femme mariée, et naît par le fait seul d'un mariage valable.

Si le mariage vient à être annulé, mais que la femme ait été de bonne foi en le contractant, ce mariage devant produire tous les effets civils, tant en la faveur de l'époux de bonne foi que des enfants qui en sont issus (art. 202), engendrera l'hypothèque, qui est incontestablement un des effets civils du mariage. Si la femme était de mauvaise foi, les enfants ne pourraient pas, quand même le mari serait de bonne foi, invoquer l'hypothèque que leur mère n'aurait pu invoquer pour elle-même, et que, par conséquent, elle n'a pu leur transmettre (1).

(1) Un auteur éminent, M. Pardessus (Cours de Droit commercial, t. IV, nº 1135, p. 278), a soutenu qu'en présence de l'art. 443 C. com. : « Nul ne peut » acquérir ni privilége ni hypothèque sur les biens du failli dans les dix jours » qui précèdent l'ouverture de la faillite. » La femme mariée dans ce délai

Le contrat de mariage sert à déterminer la nature et l'étendue des droits de la femme, mais il n'est pas la source de l'hypothèque ; c'est le fait seul du mariage qui en est la cause : d'où nous conclurons que c'est à tort que l'ancienne jurisprudence, et avec elle un arrêt de la Cour de Montpellier du 25 janvier 1823, ont décidé que la femme étrangère qui épouse un Français à l'étranger, en se conformant aux formalités du pays, ne peut réclamer d'hypothèque légale sur les biens de son mari situés en France. L'article 2128, qui refuse aux contrats passés en pays étranger la force d'emporter hypothèque sur les biens de France, cst inapplicable ici, parce que le contrat de mariage n'est pas la source de l'hypothèque légale de la femme.

Telle était déjà la doctrine de M. de Lamoignon, et la Cour de Montpellier elle-même, dans un arrêt du 3 juin 1830, est revenue sur sa jurisprudence. Aujourd'hui personne ne conteste que la femme étrangère qui a épousé un Français, même en pays étranger, n'ait, comme la femme française, une hypothèque légale en France sur les biens de son mari. Mais faudra-t-il qu'à l'appui de son acte de mariage, la femme qui a épousé un Français prouve qu'elle s'est conformée aux dispositions de l'article 171 du Code Napoléon? Faudra-t-il

n'aurait pas d'hypothèque légale. Il y a convention, stipulation libre, dit-il, et par conséquent possibilité de tromper les tiers. Cette application de l'art. 443 n'est pas admissible. Il n'est pas vrai que la femme stipule son hypothèque, elle la reçoit de la loi. Et d'ailleurs ce que cet article a voulu réprimer c'est la fraude, or il n'est pas à craindre ici que le but principal et direct du mariage du commerçant sur le point de tomber en faillite soit de procurer à la femme une hypothèque afin de frauder les créanciers. Enfin les dispositions restrictives des droits des femmes ne sont-elles pas là pour sauvegarder les intérêts des créanciers? Cette opinion de M. Pardessus admise par M. Dalloz, Hyp., p. 235, a été repoussée par la jurisprudence et les auteurs.

que, dans les trois mois de son retour en France, l'acte de célébration de son mariage ait été transcrit sur le registre public des mariages au lieu de son domicile? Deux arrêts de la Cour de cassation, du 6 janvier 1824 et du 18 mars 1834, ont décidé l'affirmative.

Nous ne pouvons admettre cette solution. L'article 171 ne prononce aucune peine, aucune sorte de nullité pour l'omission des formalités qu'il prescrit. Le principe de l'hypothèque est dans le mariage. Tant qu'on n'annule pas le mariage, il faut respecter l'hypothèque qui en est la conséquence. Nous ajouterons que, faire dépendre l'hypothèque légale de la transcription, c'est rétablir en quelque sorte, indirectement, la nécessité de l'inscription, que les rédacteurs du Code ont constamment repoussée (1).

Une autre question, plus grave et d'une grande importance pratique, est celle de savoir si la femme étrangère a une hypothèque légale sur les immeubles que son mari possède en France.

Dans l'ancien droit, la question était déjà controversée. Cependant la majorité des auteurs, le parlement de Paris dans la célèbre affaire de la princesse de Carignan, et plusieurs autres parlements, s'étaient prononcés en faveur de la femme. L'hypothèque légale, disaient-ils, a son principe dans le *statut réel*, et doit être régie par la loi de la situation de l'immeuble. On leur opposait que l'hypothèque légale était un droit civil exclusivement réservé aux Français. Ils répondaient que le contrat de mariage était un contrat de droit des gens, et que quand

(1) *Sic* M. Fœlix, Droit international, privé, édition de M. Demangeat, tome II, page 378; M. Troplong, art. 2128-513 bis; arrêt de cassation 23 novembre 1840; Douai, 25 août 1851.

bien même ce serait un contrat de droit civil, il n'en devrait pas moins être exécuté par le droit des gens, « parce que ce droit veut que toutes les conventions qui » sont sages, raisonnables et de bonne foi, qui, par con- » séquent, ne sont ni contre les bonnes mœurs ni contre » les lois prohibitives, soient nécessairement exécutées. » Toutes ces conventions, encore même qu'elles tirent » leur origine du droit civil, deviennent comme conven- » tions sujettes au droit des gens. C'est ce qui fait dire à » Vinnius qu'il n'y avait aucune obligation qu'on pût » dire purement et simplement être du droit civil, mais » seulement à quelques égards, en tant que le droit civil » y avait attaché une forme et une manière de contrac- » ter » (Tarrible, v° Hypothèques, sect. 1re, § 5, n° 13).

Sous l'empire du Code Napoléon, la question est très-controversée. Le premier point à résoudre est celui de savoir si l'hypothèque légale est un de ces droits appelés civils refusés aux étrangers, sauf dans les cas exceptionnels prévus par les art. 11 et 13 du Code Nap., c'est-à-dire lorsque des traités sont intervenus à ce sujet entre la France et leur nation, ou lorsqu'ils ont établi leur domicile avec l'autorisation du chef de l'Etat.

Tout le monde sait à combien de systèmes a donné lieu l'interprétation de l'art. 11. Les uns ont voulu distinguer le droit civil et le droit naturel, distinction purement arbitraire et donnant lieu à des difficultés insolubles. D'autres ont voulu refuser à l'étranger tous les droits dont la concession ne lui a pas été faite au moins implicitement par la loi. Dans ces deux systèmes on refuse le bénéfice de l'hypothèque légale à la femme étrangère. Nous croyons au contraire que l'étranger jouit en France, quant aux droits privés, des mêmes avantages que le Français, à moins d'une exclusion formelle prononcée par un texte de loi. C'est là évidemment l'économie du Code, jamais il ne parle de l'étranger pour lui accorder un droit, mais au contraire pour diminuer sa capacité (art. 14, 912-726). Nous déciderons donc sans difficulté qu'aucun traité n'est nécessaire pour qu'une étrangère exerce son hypothèque légale sur les biens de son mari situés en France, c'est là l'opinion de M. Merlin, Rép. v° *Remploi ;* de M. Troplong, Hypot., n° 513 ter ; de M. Valette, Hypot., tome Ier, p. 270; de M. Demangeat, notes sur M. Fœlix, liv. Ier, tit. III, p. 136. Mais nous devons convenir que la jurisprudence paraît voir dans l'hypothèque légale un de ces droits civils qui n'appartiennent en principe qu'aux Français. Bordeaux, 17 mars 1834 ; 14 juillet 1845. Douai, 24 juin 1844.

Pour ceux qui, comme nous, admettent que la loi française n'exclut point la femme étrangère à raison de son extranéité du bénéfice de l'hypothèque légale, il reste une seconde difficulté. Est-ce en vertu de la loi de son pays ou en vertu de la loi française qu'elle pourra la réclamer ? Ou en d'autres termes est-elle un effet du statut *réel* ou du statut *personnel ?* L'hypothèque légale procède-t-elle du statut *réel*, il faut l'accorder à toutes les femmes étrangères sans distinction. Dépend-elle au contraire du statut *personnel ?* La femme étrangère devra, pour s'en prévaloir, montrer que la loi de son pays lui accorde cette garantie.

Peu de matières présentent plus de difficultés que la distinction des statuts réels et personnels, et les meilleures définitions sont insuffisantes pour tracer une délimitation bien nette. Il y a dans la plupart des lois un tel mélange de *personnalité* et de *réalité* que ce n'est pas sans peine qu'on peut découvrir quel est l'élément qui prédomine, et là pourtant est la solution de la question que nous examinons.

M. Merlin (Rép., v° Remploi, § 2, n° 9), M. Troplong, n° 513 *ter* soutiennent la thèse du statut *réel*. Qu'y a-t-il de commun, disent-ils, entre l'état des personnes et l'attribution à ces mêmes personnes de l'hypothèque légale à raison d'une qualité particulière? L'hypothèque légale dérive-t-elle donc des lois de capacité, des lois qui règlent l'état des personnes, pour en faire un statut personnel? N'est-ce pas la loi française qui partagera également entre les enfants légitimes d'un étranger les biens qu'il possédait en France, sans s'inquiéter des droits plus considérables que la loi de son pays a pu donner à l'aîné? N'est-ce pas conformément à la loi de la situation des biens qu'un étranger acquerra ou perdra des biens immeubles par prescription? « Or, comment » ce qui est vrai de la dévolution de la pleine propriété » ne serait-il pas également vrai de l'attribution de l'hy- » pothèque? Le statut réel ne comprend pas seulement » les lois qui réglementent l'exercice des droits acquis » sur le territoire soumis à leur empire, mais encore » celles qui attribuent elles-mêmes ces droits et en opè- » rent la dévolution. » Lorsque la loi française attache des priviléges à la qualité de certaines créances, n'y a-t-il pas là un statut réel? Refuserait-on à un médecin étranger le privilége des art. 2101 et 2104, parce que la loi de son pays ne lui accorderait pas les mêmes droits? Pourquoi donc refuser à la femme étrangère une hypothèque attachée à sa créance, comme le privilége est attaché à celle du médecin? Pourquoi empêcher la loi française de distribuer comme bon lui semble les deniers provenant de la vente d'un immeuble situé sur son territoire?

Quelque graves que soient ces considérations nous ne pouvons admettre que le droit d'hypothèque légale soit régi par le statut *réel*. Nous ne nierons point que l'élément *réel* ne joue un certain rôle dans l'attribution de l'hypothèque légale, et nous indiquerons tout à l'heure la part qu'il convient de lui faire dans la réglementation de ce droit. Mais que conclure de là? si ce n'est que la loi qui attribue l'hypothèque légale est, avec tant d'autres, une de ces lois dans lesquelles, comme nous le disions en commençant, il y a un mélange de personnalité et de réalité. Toute la question est de savoir quel est l'élément qui prédomine, et, pour nous, il est incontestable que l'élément dominant est l'élément *personnel*. N'y a-t-il pas en effet une corrélation nécessaire entre les lois qui accordent à la femme des garanties spéciales, et ces lois essentiellement personnelles qui organisent la famille, déterminent l'état et la capacité des époux. Plus les pouvoirs du mari sont étendus, plus la capacité de la femme est restreinte et plus il est nécessaire d'accorder à la femme des garanties efficaces. Cette femme étrangère à qui vous voulez accorder une hypothèque légale a peut-être déjà obtenu des lois de son pays des garanties parfaitement suffisantes; par exemple, un cautionnement fourni par son mari, ou la surveillance d'une autorité tutélaire confiée à certains magistrats. Peut-être l'organisation du régime matrimonial place-t-elle la femme dans une telle indépendance vis-à-vis de son mari, qu'elle rend toute garantie inutile; et la loi française accorderait le bénéfice de son hypothèque alors que les causes de cette faveur extraordinaire n'existent plus? « Il ne » résulterait de là que discordance, difficulté d'exécution » et froissement d'habitudes et d'intérêts. »

Mais, dit-on, voyez la succession d'un étranger, n'est-elle pas réglée, quant aux biens de France, par la loi française? Soit, mais qui ne voit que dans de pareilles lois c'est l'élément *réel* qui doit dominer? La loi sur les successions n'est-elle pas le corollaire forcé de l'organisation politique. Est-ce le principe monarchique qui domine? elles tendent à la concentration de la propriété. Est-ce le principe démocratique? elles favorisent le morcellement de la propriété! Eh bien, l'intérêt public n'est-il pas le même, que l'immeuble appartienne à un Français ou à un étranger? N'en est-il pas de même des lois sur la prescription? Ne reposent-elles pas avant tout sur les exigences de la sécurité générale et de l'ordre public? On argumente du privilége du médecin qui est accordé à l'étranger comme au Français. Pourquoi non? La faveur que la loi accorde au médecin ne lui est-elle pas attribuée exclusivement à raison de sa qualité? N'hésitons donc pas à décider que la femme étrangère ne jouira en France de l'hypothèque légale qu'autant que ce bénéfice lui sera reconnu par la loi de son pays. Mais faut-il s'en tenir à la seule loi personnelle, ne faut-il pas en outre que la loi de la situation des immeubles reconnaisse à la femme une hypothèque légale? En un mot, ne faut-il pas exiger le concours des deux statuts? M. Demangeat (notes de Fœlix, *Droit international privé*, t. I, p. 137) reconnaît qu'en matière d'hypothèque, il faut faire une certaine part au statut réel, c'est à lui, dit-il, à déterminer le mode de conservation et le rang du droit d'hypothèque; et dès lors il faut appliquer à la femme étrangère, l'art. 2135 et les art. 8 et 9 de la loi du 13 mars 1855. Mais il n'exige point que l'hypothèque légale soit consacrée dans la loi de la situation des biens. « Ainsi, nous » reconnaîtrons, dit-il, une hypothèque légale à la » femme française sur les biens que son mari possède à » l'étranger, lors-même que la loi du pays ne donnerait » pas d'hypothèque aux femmes mariées, pourvu seule- » ment qu'elle reconnaisse le droit réel appelé hypo- » thèque (1). »

M. Fœlix (*Droit international privé*, t. I, § 68, p. 137, exige, au contraire, le concours des deux statuts, et il nous semble que le système de M. Demangeat pourrait donner lieu à de bien grandes difficultés. Supposons, en effet, que nous soyons encore sous l'empire de la loi de messidor an III; sous l'empire de cette loi, qui proscrivait toute hypothèque tacite, qui appliquait rigoureusement les principes de la publicité et de la spécialité, pourrions-nous reconnaître une hypothèque légale à la femme étrangère, uniquement parce que la loi de son pays la lui reconnaîtrait? Nous ne le croyons pas, et pourtant la seule condition que M. Demangeat exige, se rencontrerait ici, cette législation reconnaissant le droit réel appelé hypothèque. Nous croyons donc qu'il faut exiger le concours des deux statuts.

(1) Voir en ce sens M. de Savigny, t. VIII, § 191, de la traduction.

SECTION II.

DES CONDITIONS D'EXISTENCE DE L'HYPOTHÈQUE LÉGALE.

L'hypothèque légale des femmes mariées existe à l'égard des tiers indépendamment de toute inscription. La loi, nous le verrons tout à l'heure, prescrit cependant l'inscription et charge du soin de la prendre plusieurs personnes, mais elle en fait une formalité et non une condition d'existence du droit de la femme.

L'hypothèque légale de la femme est toujours dispensée de l'inscription, quelle que soit la créance qu'elle ait pour objet de garantir, et nous démontrerons dans le chapitre suivant, en parlant des créances de la femme qui ont le bénéfice de l'hypothèque légale, que c'est à tort que M. Grenier (*Hypothèques*, t. 1, n° 227) n'accorde à la femme une hypothèque légale pour le prix de ses paraphernaux aliénés que du jour de l'inscription.

Sous l'empire du Code, l'hypothèque légale de la femme demeurait dispensée de l'inscription même après la dissolution du mariage, c'était là une faveur exagérée, car quand la femme a recouvré la capacité, l'exception faite en sa faveur n'a plus de raison d'être.

La loi du 23 mars 1855, art. 8, exige pour que la femme conserve son hypothèque à sa date primitive, qu'elle prenne inscription dans l'année qui suit la dissolution du mariage. Cette sage restriction avait déjà été posée dans l'édit de 1673, et elle avait été admise en 1851 dans le projet de réforme hypothécaire. L'édit de 1673 allait même plus loin que la loi de 1855, il exigeait l'inscription dans l'année, même au cas de séparation de biens.

Le délai d'une année accordé à la femme devenue

veuve pour s'inscrire est une courte prescription qui ne serait suspendue ni par la minorité ni par l'interdiction. C'est un principe écrit dans 2278.

La nécessité de l'inscription dans l'année qui suit la dissolution du mariage dispensera, dans certains cas, l'acquéreur des biens du mari, de la purge de l'hypothèque légale de la femme. Supposons, en effet, que le mari ait aliéné un de ses immeubles, que l'acquéreur ait fait transcrire et que le mari soit venu à mourir : si la femme, dans ces circonstances, laisse écouler le délai d'une année sans prendre inscription, elle ne pourra plus opposer son hypothèque au tiers acquéreur ; il lui dira que sans doute quand il a acquis l'immeuble, elle n'était point soumise à la règle de l'art. 6, qu'il n'a pu, par conséquent, se prévaloir du défaut d'inscription avant la transcription de son acte d'acquisition, mais qu'une année s'est écoulée depuis la dissolution de son mariage, que son hypothèque est désormais soumise aux règles des hypothèques ordinaires, que, comme elles, elle ne date, à l'égard des tiers, que du jour de l'inscription, et que, par conséquent, on ne peut lui opposer une inscription prise postérieurement à la transcription. L'expiration de l'année sans inscription aura donc dispensé le tiers acquéreur de la purge.

Si l'acquéreur avait commencé, dans l'année de la dissolution du mariage, la procédure de purge, il ne pourrait se prévaloir de l'art. 8, si la femme s'inscrivait dans les délais de cette procédure, encore que ces délais, ajoutés à ceux qui ont précédé la procédure de la purge, donnassent un délai plus long qu'une année, « car cet » acquéreur a fait lui-même sa condition, il a traité la » veuve comme le Code Napoléon veut qu'on la traite, il

» ne peut se plaindre qu'elle ait répondu à l'appel qu'il » a fait.» (M. Troplong, art. 8, § 316.)

Le législateur, dans le but d'atténuer le plus possible les dangers de l'hypothèque occulte des femmes, charge certaines personnes de prendre inscription.

La première personne que la loi charge de ce soin est le mari (2136). « S'il ne s'en acquitte pas et qu'il consente ou laisse prendre des priviléges ou des hypothèques sur les immeubles, sans déclarer expressément que lesdits immeubles sont affectés à l'hypothèque légale des femmes, il sera réputé stellionataire et comme tel contraignable par corps. »

Ce que la loi veut punir, c'est la mauvaise foi; dès lors, si le mari pouvait prouver qu'il était de bonne foi et qu'il croyait l'immeuble libre (ainsi il y a eu une réduction et elle a été annulée), il n'encourrait pas la peine du stellionat. L'article serait également inapplicable au cas d'hypothèque légale ou judiciaire; en pareil cas, c'est la loi ou le tribunal qui constituent l'hypothèque, et il n'y a rien à reprocher au mari. Ce que nous disons des hypothèques légales et judiciaires, il faut le dire des priviléges. On ne consent pas un privilége, c'est la loi qui le donne, et d'ailleurs le privilége ne prime-t-il pas l'hypothèque? Pour trouver une application à l'article, il faut supposer qu'un privilége est dégénéré en simple hypothèque, qu'un tiers vient désintéresser le créancier et que le mari lui laisse ignorer qu'il sera primé par l'hypothèque légale de la femme.

La loi veut punir la mauvaise foi du mari, mais elle exige en outre que cette mauvaise foi ait causé quelque préjudice; dès lors il n'y aura pas lieu de prononcer la peine du stellionat contre le mari qui n'aura pas déclaré ni inscrit l'hypothèque de sa femme, si une inscription a été prise au nom de la femme par une autre personne.

Dans le cas où cette inscription n'aura pas eu lieu, exigerons-nous du mari une déclaration expresse ou permettrons-nous de la remplacer par des équipollents? La Cour de Limoges, le 18 avril 1828, et celle de Poitiers, le 29 décembre 1830, se sont prononcées pour la doctrine la plus rigoureuse, et c'est là, je crois, la solution qu'il faut admettre.

A défaut du mari, la loi charge le procureur impérial près le tribunal du domicile du mari ou du lieu de la situation des biens de prendre inscription. En pratique, il ne la prend jamais. Car, en présence d'un trop grand zèle déployé lors de la promulgation du code, une circulaire du grand juge a recommandé beaucoup de discrétion dans l'application de cette mesure, et la loi est devenue une lettre morte.

Enfin, la loi fait un appel à tous ceux qui s'intéressent à la femme, tous peuvent requérir l'inscription; la femme elle-même le peut, et l'art. 2155 la dispense d'en acquitter les frais. Elle n'a à payer que le salaire du conservateur.

En fait, nous l'avons déjà dit, les prescriptions de la loi ne sont pas observées, et fort peu d'hypothèques légales sont inscrites.

Les énonciations constitutives de l'inscription des hypothèques légales des femmes sont plus simples que celles des hypothèques conventionnelles et judiciaires. On n'exige ni la présentation du titre au conservateur, ni l'évaluation des créances indéterminées, ni l'indication de l'époque de l'exigibilité et de la situation des immeubles.

CHAPITRE II.

DES CRÉANCES DE LA FEMME GARANTIES PAR L'HYPOTHÈQUE LÉGALE.

Le principe fondamental de la matière est posé dans l'art. 2121. Il attribue d'une manière générale la garantie de l'hypothèque légale *aux droits* et *créances des femmes*. C'est dans l'art. 2121 et non dans l'art. 2135, comme le veulent certains auteurs, qu'il faut chercher la règle. L'art. 2135 a trait à un ordre d'idées tout différent. Il n'est point destiné à déterminer limitativement quelles sont les créances garanties par l'hypothèque légale, son objet (et les travaux de rédaction du conseil d'État ne peuvent laisser aucun doute à cet égard) est de déterminer, eu égard à l'origine des diverses créances de la femme, le rang hypothécaire de chacune d'elles.

L'art. 2121, est écrit dans les termes les plus généraux. « Peu importe le régime matrimonial sous lequel les époux » sont placés : régime de communauté, régime dotal ou » autre ; peu importe que l'obligation du mari ait telle » ou telle origine, qu'elle soit née d'un contrat, d'un délit » ou d'un quasi-délit, dans tous les cas les actions que la » femme a contre son mari, sont garanties par l'hypo- » thèque » (M. Valette, Hypothèques, p. 244). En effet le motif de cette faveur extraordinaire est l'état de dépendance dans lequel se trouve la femme durant le mariage, et cette considération s'applique évidemment sous tous les régimes matrimoniaux et quelle que soit la cause des obligations contractées par le mari envers sa femme.

C'est pour avoir méconnu la généralité du principe

de l'art. 2121, que M. Planel, doyen de la faculté de droit de Grenoble (Sirey, 1819. 2. 89), refuse à la femme une hypothèque légale pour la restitution des paraphernaux que le mari a perçus ou dont il a eu la jouissance pendant le mariage. Je n'insisterai pas sur cette question qui aujourd'hui ne fait plus aucun doute, ni dans la doctrine, ni dans la pratique (M. Troplong, art. 2121, n° 418; M. Valette, Hyp., p. 247; Cass. 11 juin 1822. 6 juin 1826, 28 juil. 1828; Bordeaux, 20 juin 1835).

M. Grenier va moins loin que M. Planel : il reconnaît à la femme une hypothèque pour les capitaux mais non pour les intérêts et fruits extra-dotaux. Il appuie cette distinction sur la loi 11 *Si mulier*, liv. v, tit. XIV, au Code, qui a étendu aux paraphernaux l'hypothèque de la dot et qui ne parle que du capital et non des intérêts. Il s'appuie aussi sur l'art. 1577. C. Nap., portant que si le mari a procuration de sa femme pour administrer, il sera tenu vis-à-vis d'elle comme tout mandataire. Ces arguments ne sont pas concluants. Il n'y a pas un mot dans les discussions du conseil d'État qui fasse allusion à la distinction de la loi *Si mulier*. Quant à l'art. 1577, que dit-il? « Que si la femme donne sa procuration » au mari pour administrer ses biens paraphernaux avec » charge de lui rendre compte des fruits, il sera tenu » vis-à-vis d'elle comme tout mandataire, » et M. Grenier en conclut que la femme n'aura pas d'hypothèque légale sur les biens de son mari, parce que le mandant n'a pas d'hypothèque sur les biens de son mandataire. Mais si c'était là le sens de l'art. 1577, il faudrait revenir au système absolu de M. Planel, et refuser à la femme l'hypothèque tant pour le capital que pour les intérêts extra-dotaux, car les biens du mandataire ne sont pas plus grevés pour le capital dont il doit rendre compte que pour les intérêts, et pourtant M. Grenier n'est pas allé jusque-là. Tout ce qu'a voulu dire l'art. 1577, c'est qu'outre la restitution du principal, le mari devrait les intérêts dans les limites de l'art. 1996, C. Nap., c'est-à dire que, comme le mandataire, il devrait l'intérêt des sommes employées à son usage à dater de cet emploi et celui des sommes dont il est reliquataire à compter de la demeure. Voilà dans quelles limites la femme aura une action personnelle contre son mari à raison du mandat, mais les rédacteurs n'ont jamais entendu dire par là, que cette action n'aurait pas le bénéfice de l'hypothèque légale (*Sic* M. Troplong, n° 518).

M. Grenier reconnaît à la femme une hypothèque légale pour la restitution de ses paraphernaux (avec la distinction, que nous n'avons pas admise, du capital et des intérêts), mais il la soumet à la formalité de l'inscription. Le législateur aurait créé de la sorte deux hypothèques légales, l'une dispensée d'inscription, l'autre soumise à cette formalité. Où M. Grenier trouve-t-il donc une pareille distinction? Dans l'art. 2135; Cet article, dit-il, dispense de l'inscription l'hypothèque légale des femmes, mais seulement quand elle garantit certaines créances énumérées limitativement; il n'est question que de la dot et des conventions matrimoniales, et la créance des paraphernaux ne peut rentrer dans ces termes. Plusieurs Cours impériales ont décidé ainsi; le dernier arrêt rendu dans ce sens est de Toulouse (30 avril 1825).

Cette doctrine est aujourd'hui abandonnée (Cassation, 6 juin 1826, 28 juillet 1828; Grenoble, 30 mai 1834). L'art. 2135 n'a pas pour objet de déterminer les créances qui doivent seules jouir de la dispense d'inscription. Il a pour but unique de donner une date différente aux divers recours de la femme. Les travaux préparatoires ne laissent aucun doute à cet égard. L'art. 2135, dans sa première rédaction, donnait pour date unique à l'hypothèque légale de la femme, le jour de son mariage. Sur la demande du Tribunat, la rédaction actuelle fut adoptée, et on modifia le point de départ du droit de la femme, mais il n'a jamais été question d'assujettir à la formalité de l'inscription une créance plutôt qu'une autre. Les motifs qui ont fait admettre la dispense d'inscription ne se rencontrent-ils pas ici? Les créances paraphernales ne sont-elles pas comprises dans l'expression *reprises* des art. 2140, 2144, 2193 et 2195? Enfin, un bien paraphernal n'est-il pas un *propre?* Si le législateur s'est servi de deux termes différents, c'est pour mieux faire ressortir la situation différente des biens sous le régime dotal et sous celui de la communauté; mais ici, où toute question de régime doit être écartée, le mot *propre* doit être entendu dans sa signification la plus large. (*Sic* M. Demante, *Themis*, t. VI, page 20; M. Troplong, n° 575.)

Une question très-grave est celle de savoir si la femme mariée sous le régime dotal a, au cas d'aliénation de ses immeubles dotaux, indépendamment de son action révocatoire, une hypothèque légale pour le prix de ses immeubles dotaux aliénés? Si on décide l'affirmative, peut-elle même l'exercer *constante matrimonio?*

La Cour de cassation, dans un arrêt célèbre du 24 juillet 1821, a décidé que la femme avait le choix entre l'action révocatoire et l'action hypothécaire. Elle se fonde sur la loi 30, au Code, *De Jure dotium*, qui donne à la femme sur les biens apportés en dot, estimés ou non, un droit d'hypothèque que nul créancier du mari ne peut primer, et un droit de revendication. — Est-il bien vrai qu'il résulte pour la femme, de la loi 30, une faculté d'option entre l'action hypothécaire sur les biens du mari et l'action révocatoire? Nullement. Nous avons déjà vu, en traitant des sûretés accordées à la femme en droit romain, que tout autre était le sens de la loi 30. C'est ce qu'observe également M. Troplong. La loi 30 ne donne à la femme aucun droit sur les biens de son mari, elle lui accorde une action en revendication ou une action hypothécaire, à son choix, mais seulement sur les immeubles dotaux. Justinien, dans la loi même, nous explique l'utilité de ces deux actions qui au premier abord semblent exclusives l'une de l'autre. Il accorde l'action hypothécaire à la femme pour se conformer à la *subtilité* du droit qui veut voir dans le mari un propriétaire de la dot. Il accorde à la femme l'action en revendication parce que si l'on s'en tient à la *vérité* des choses, la femme a conservé la propriété. La loi 30, ainsi interprétée (et c'est le sens que lui donnent Bartole (1), Godefroy (2), et Cujas (3), ne peut être d'aucun argument dans la question.

On invoque encore dans le sens de l'affirmative la loi 29, au Code *De jure dotium*, qui organise une espèce de séparation de biens. Elle suppose que le mari va être réduit *ad inopiam*, que la femme a reçu de son mari une hypothèque conventionnelle pour sûreté de ses reprises (dot, donation anté-nuptiale), et elle lui permet d'exercer son hypothèque comme si le mariage était dissous ;

(1) Sur cette loi. — (2) Ibid.
(3) Recitationes solemnenses de jure dotium, au Code.

seulement, le fait de cette action hypothécaire ne sera pas aussi complet qu'il l'est ordinairement. Il procurera à la femme la mise en possession des objets hypothéqués, mais elle ne pourra vendre la portion de biens dont elle sera mise en possession ; elle devra la conserver afin que les revenus lui servent à vivre, elle, son mari et ses enfants ; on ne veut pas que la femme reçoive des biens dont la dissipation est facile. Par suite de la même idée, on refuse aux créanciers postérieurs le droit d'exercer la *jusofferendi*, c'est-à-dire le droit de désintéresser la femme avant la dissolution du mariage. Les auteurs qui argumentent de la loi 29, font remarquer avec raison qu'il n'y a aucun argument à tirer contre eux de ce que la loi statue dans l'hypothèse d'une hypothèque conventionnelle, parce que, à l'époque de sa rédaction, Justinien n'avait pas encore accordé aux femmes une hypothèque tacite, et que la loi dut recevoir son application au cas d'hypothèque tacite comme au cas d'hypothèque conventionnelle. Nous leur concédons tout cela, la seule chose qui nous embarrasse, c'est que lorsque la loi 29 a été écrite le principe de l'inaliénabilité absolue (c'est-à-dire, même avec le consentement de la femme), n'était pas encore posé par la loi 1er, § 15, au code de *rei uxoriæ*; et ne pourrait-on pas dire que la loi 29, dut devenir inapplicable au cas où l'aliénation du fonds dotal aurait eu lieu au mépris de cette loi, qu'en pareil cas la femme ne dut avoir d'autre droit que d'exercer son action révocatoire? A cela on répond avec un passage de Cujas (1) ainsi conçu : « data est mulieri, *pro fundo dotali* » et *pro dote tota quacumque in re consistat*, tacita hypo-

(1) Recit. solen. C. De rei uxoriæ actione, § dernier.

» theca, et in rebus ipsis dotalibus, et in omnibus rebus » mariti ipsius, ut beneficio tacitæ hypothecæ alienatum vel obligatum fundum dotalem etiamsi ipsa con» senserit, *vel quo is fundus ei salvus sit*, bona omnia » mariti consequi possit. » Ne semble-t-il pas résulter de ce texte que la femme a le droit de négliger l'action en revendication, pour poursuivre les biens de són mari, » *quois fundus dotalis ei salvussit?* » Aussi après de longues hésitations, sommes-nous porté à croire que la loi 29, dut rester en vigueur même après la prohibition absolue d'aliéner le fonds dotal. Nous prenons en considération que le résultat de l'action hypothécaire permis par cette loi, était de constituer en dépôt entre les mains de la femme, certains biens du mari, qu'il ne la privait point du droit de réclamer lors de la dissolution du mariage la dot en nature; ce qui est notre réponse à une objection des partisans de la négative qui prétendent qu'appliquer la loi 29, était favoriser l'aliénation de l'immeuble dotal, contrairement aux prohibitions de la loi *rei uxoriæ*.

Nous admettons donc que dans le droit de Justinien, la femme pouvait exercer ou l'action hypothécaire, ou l'action révocatoire; qu'elle pouvait exercer l'action hypothécaire, même pendant le mariage; que seulement les effets de cette action étaient moins complets qu'ils ne l'étaient ordinairement.

Dans l'ancien droit la question était controversée; c'est ce que l'on doit conclure des assertions contradictoires de M. Grenier, t. I p. 570 et de M. Troplong, n° 617, D'après ce dernier, le système de l'ancienne jurisprudence était absolument le même que celui du droit romain; la femme pouvait exercer son action hypothécaire pendant le mariage, la collocation qu'elle obtenait n'était que provisoire, ce n'était qu'à la dissolution du mariage qu'elle pouvait renoncer définitivement à l'action révocatoire. La seule différence avec le droit romain consistait en ce que la femme n'obtenait à Rome que l'envoi en possession des biens du mari, tandis que dans l'ancienne jurisprudence, les biens étaient vendus, la femme recevait une collocation en argent et des mesures étaient prises pour en empêcher la dissipation.

M. Grenier dit au contraire qu'il a vu, pendant plus de quarante ans, la question dont il s'agit, s'élever dans les pays de droit écrit, et qu'il a toujours vu refuser à la femme toute action autre que l'action révocatoire.

Quelle solution faut-il adopter sous l'empire du Code? L'affirmative est aujourd'hui l'opinion générale (M. Troplong, 612 et suiv.); cassation 24 juin 1821. (Devil., 21, 1, 422); Rouen, 28 mars 1832 ; Pau, 31 décembre 1834; Cassation, 16 novembre 1837, (48, 1. 25), et c'est la solution que nous croyons devoir adopter. Ne résulte-t-elle pas en effet de l'art. 2121, qui accorde à la femme une hypothèque légale pour la garantie de ses droits et créances. Les termes si généraux de cet article, ne comprennent-ils pas tous les droits, tant immobiliers que mobiliers. M. Grenier affirme que l'art. 2121 ne se réfère qu'aux droits mobiliers, mais sans apporter aucun argument à l'appui de son assertion. Dira-t-on que la femme n'est pas créancière du mari, que l'aliénation du fonds dotal n'est pas seulement annulable, mais qu'elle est frappée d'une nullité d'ordre public. Un pareil système n'aurait pas grande chance de succès, le principe du droit romain : « *rei publicæ interest mulieres dotas salvas habere* », n'est plus vrai dans notre droit, et la nullité de l'aliénation du fonds dotal est exclusivement établie dans l'intérêt de la femme.

M. Grenier est très-touché de la position malheureuse des créanciers; il les représente ruinés par un recours de la femme auquel ils n'ont pas dû s'attendre. Est-ce là un argument bien sérieux? nous ne le croyons pas, car de deux choses l'une, ou la nullité de l'aliénation du fonds dotal est d'ordre public et il n'y a pas besoin d'invoquer l'intérêt des créanciers, la femme n'a pas d'hypothèque, parce qu'elle n'est pas créancière du mari; ou bien la nullité est exclusivement dans l'intérêt de la femme et elle pourra ratifier l'aliénation après la dissolution du mariage; mais alors les créanciers ne vont-ils pas se trouver ruinés par le recours de la femme; et si vous admettez qu'ils ont dû le prévoir, pourquoi n'auraient-ils pas eu la même prévoyance au cas où la femme vient demander la collocation *constante matrimonio.*

Nous avons dit que la femme pourrait ratifier l'aliénation après la dissolution du mariage; ce n'est en effet qu'à ce moment qu'elle pourra prendre un parti définitif, jusque-là aucune autorisation ne pourra lui donner la capacité de ratifier. Décider autrement serait violer l'art. 1554. Mais est-ce à dire que la femme ne pourra exercer son hypothèque légale *constante matrimonio*, et obtenir une collocation? Non assurément. Nous suivrons la doctrine de la loi 29 avec les modifications qu'apportait l'ancien droit. Nous colloquerons provisoirement la femme, nous prendrons des garanties pour qu'il n'y ait aucune dissipation, et à la dissolution du mariage, la femme optera pour la collocation qu'elle a reçue ou pour l'action révocatoire. Si la femme préfère reprendre son immeuble, le montant de la collocation qui lui avait été provisoirement attribué, sera distribué aux créanciers qui l'auraient reçu s'ils n'avaient été primés par le droit de la femme.

Toute cette théorie résulte du principe de l'inaliénabilité de la dot, combiné avec les articles 2121, 2135 et 2195. Qu'on ne nous objecte pas que l'article 2135 ne parle que du remploi des *propres*, que c'est là une expression spéciale au régime de la communauté et ne pouvant comprendre les biens dotaux. Nous répondrions, en répétant ce que nous avons déjà dit, que l'expression de *propres* doit être prise dans un sens très-large dans l'article 2135, qu'elle n'a un sens spécial et restreint que dans les articles du régime de la communauté.

La femme mariée a-t-elle une hypothèque légale pour les aliments qu'elle réclame de son mari? On décidait généralement la négative dans l'ancien droit, et c'est encore, je crois, la solution qu'il faut admettre. Mais, dit-on, la femme n'est-elle pas créancière du mari, et n'est-ce pas dès lors violer l'article 2121? Oui, la femme est créancière du mari, mais sa créance est d'une nature spéciale. La dette d'aliments est proportionnée à la fortune du débiteur; elle augmente et diminue avec cette fortune, elle disparaît avec elle; à quoi servirait une hypothèque à la femme? Nous accorderions, au contraire, une hypothèque à la femme, dans le cas de l'article 1570. Les aliments, l'habitation et les habits de deuil que la femme peut réclamer sont des espèces de donations, de conventions matrimoniales, de dettes même; car ici les aliments seront dus à une femme très-riche par un mari très-pauvre. La décision serait la même pour les droits analogues reconnus à la femme commune par l'article 1465 du Code Napoléon.

Toutes les difficultés que nous avons examinées jusqu'ici ont trait au régime dotal ; quelques-unes, moins nombreuses, se présentent sous le régime de la communauté.

La femme a-t-elle une hypothèque sur les biens de son mari, pour sa part dans la communauté? On l'a soutenu plusieurs fois devant les tribunaux ; on invoquait l'article 2121, qui attribue aux *droits et créances* de la femme une hypothèque. Or, disait-on, c'est un droit incontestable pour une femme mariée, sous le régime de la communauté, d'obtenir le payement de sa part dans la communauté ; donc elle a une hypothèque.

Néanmoins, les tribunaux ont constamment décidé, et avec raison, que la femme n'avait point d'hypothèque légale pour sa part dans la communauté ; qu'elle avait seulement sur ces biens un privilége de copartageant assimilé à celui du cohéritier sur les biens de la succession, et soumis, pour sa conservation, aux mêmes règles (Cour de cassation, 15 juin 1842), (Devil., 42, 1, 631) ; Bordeaux, 2 mars 1848, (48, 2, 349).

La femme a incontestablement une hypothèque pour l'indemnité des dettes par elle contractées avec son mari, mais peut-elle se prévaloir de son hypothèque même avant d'avoir payé ou d'avoir été poursuivie à fin de payement, si d'ailleurs la dette est échue ou si le mari est en faillite ou en déconfiture ? Suffit-il, au contraire, que les créanciers postérieurs lui offrent garantie suffisante pour le cas où elle serait plus tard obligée de payer ? Plusieurs arrêts de la Cour de Cassation (4 avril 1815, 24 juillet 1821 et 16 juil. 1832 (Dev. 32. 1. 833) et plusieurs arrêts de Cours impériales Orléans 1er décembre 1836 (Dev. 37. 2. 89) ont refusé à la femme le droit de se prévaloir, avant d'avoir payé, de son hypothèque légale; pourvu qu'il lui fût donné des sûretés suffisantes, telles qu'une caution, pour le cas où elle serait plus tard obligée de payer. Ces décisions sont basées sur ce que l'art. 2135, en accordant une hypothèque à la femme pour l'indemnité des dettes qu'elle a contractées avec son mari, indique suffisamment, par l'expression *indemnité* dont il se sert, qu'il faut que la femme ait consacré à l'acquit de ces dettes une partie de son avoir, pour être fondée à demander une récompense; qu'elle ait éprouvé un dommage pour venir en réclamer la réparation, car il n'y a lieu à indemnité qu'autant qu'il y a préjudice causé.

Nous répondrons, avec une consultation de MM. Ed. Blanc, Odilon Barrot, Nicod et Vatimesnil (Dev. 32. 1.833), qu'il résulte du texte et de l'esprit de la loi que la femme a le droit d'être indemnisée même avant d'avoir payé. L'art 2135 ne peut être conçu en termes plus généraux; il accorde à la femme une hypothèque pour l'indemnité des dettes qu'elle a contractées, sans faire aucune distinction entre les dettes payées et celles non payées. Reste-t-il un doute, il disparaît devant les termes de l'art. 2032. La caution, dit cet article, même avant d'avoir payé peut agir contre le débiteur pour être par lui indemnisée, lorsque le débiteur est en faillite ou en déconfiture, ou lorsque la dette est devenue exigible par l'échéance du terme; or la femme qui s'oblige conjointement ou solidairement avec son mari n'est-elle pas réputée à l'égard de celui-ci ne s'être obligée que comme cantion (art. 1431)? Les dispositions de l'art. 2032, déjà si justes en thèse générale, c'est-à-dire à l'égard de tous les citoyens, ne sont-elles pas d'une sagesse incontestable et d'une haute prévoyance appliquées à la femme caution du mari? La femme qui contracte avec son mari, qui le cautionne, n'agit-elle pas sous son influence, sans aucun calcul et sans les précautions ordinaires qui accompagnent toute convention; n'obéit-elle pas à une confiance aveugle? On sent dès lors, que même si ce n'était pas une règle de droit commun, le droit a être indemnisé de suite devrait être spécialement ouvert à la femme, dès que les affaires du mari présentent des inquiétudes sérieuses et provoquent des poursuites en expropriation: c'est le seul moyen qu'elle conserve intact et libre tout l'avoir qu'elle n'a point personnellement engagé. Et pourtant c'est alors que le législateur, frappé de ces considérations, donne à la femme caution du mari, un privilége spécial, une hypothèque légale, que les facultés qui appartiennent à toutes les cautions lui sont refusées? N'est-ce pas violer le texte et l'esprit de la loi? Ne voyons-nous pas d'ailleurs que le système des sûretés données à la femme pour le cas où elle serait plus tard obligée de payer, ne favorise pas plus que le nôtre le crédit du mari? Le créancier qui a la femme pour obligée va la poursuivre, la contraindre à payer, et aussitôt les créanciers postérieurs qui lui ont donné des garanties seront forcés de rendre d'une main ce qu'ils ont reçu de l'autre. Il faut donc décider que la femme peut demander sa collocation pour l'indemnité des dettes qu'elle a contractées avec son mari, même avant de les avoir payées, toutes les fois que le mari est en faillite ou en déconfiture ou que la dette est échue. Remarquons toutefois que nous ne permettrons point à la femme, encore que la dette soit échue, de provoquer la vente des biens de son mari, car ce n'est en principe qu'à la dissolution de la communauté que doit avoir lieu la liquidation du recours de la femme; mais si l'immeuble du mari est aliéné par lui volontairement ou à la requête de ses créanciers, nous permettrons à la femme de demander sa collocation ; l'intérêt de la conservation de ses droits l'exige, et elle peut toujours faire les actes conservatoires (2194 et 2195).

L'opinion que nous adoptons a été consacrée par de nombreux arrêts (Paris, 26 août 1836, Cour de cassation, 2 janv. 1838 (38. 1. 560); Orléans, 14 mars 1848; Cassation, 21 août 1849 (Journal du Palais, 1850, 2, 574), et elle est suivie par M. Troplong, n° 610, des Hypothèques.

On reconnaît généralement une hypothèque légale à la femme pour le remboursement des frais et dépens de la demande en séparation de biens. Si le privilége de la dot ne s'étendait pas aux frais faits pour la mettre en sûreté, les précautions prises par le législateur seraient facilement éludées.

En présence de l'avantage considérable que l'hypothèque légale donne à la femme, le législateur a-t-il indiqué les modes de preuve dont la femme doit faire usage pour justifier les recours qu'elle veut exercer contre son mari? Dans l'ancien droit on avait longtemps discuté sur le point de savoir si les tiers pourraient critiquer les quittances de dot non authentiques. L'ordonnance de 1629, art. 180, et une déclaration du 6 mars 1696 avaient exigé une quittance authentique, mais elles avaient été considérées comme des lois Bursales, qu'il ne fallait pas suivre, parce qu'il pourrait en résulter un grand préjudice pour la femme. Un arrêt du parlement de Paris, du 3 septembre 1781, décida la question en faveur des femmes. C'est en ce sens qu'ont été rendus deux arrêts de la Cour de cassation, l'un du 1er février 1816, l'autre du 16 juillet 1817 (Dev. 19. 1. 40), approuvés par M. Merlin et par M. Grenier (t. 1, pag. 515, Hypoth.). Il n'est personne, je crois, qui exige aujourd'hui un acte notarié, et, en effet, l'authenticité de la quittance ne présentera guère plus de certitude, mais un point plus délicat et très-controversé, est celui de savoir s'il faut exiger que l'acte sous seing privé ait acquis date certaine (1)? La Cour de cassation dans un arrêt du 5 février 1851, et plusieurs Cours impériales ont admis l'affirmative; Attendu que l'art. 1328 s'applique à tous les actes sous seing privé, et qu'aucune disposition de loi n'y déroge, quant à l'hypothèque de la femme, et attendu que si l'on permettait à la femme de présenter des quittances sous seing privé, il suffirait du concours frauduleux du mari et de la femme pour rendre sans effet des hypothèques antérieurement consenties.

Ces considérations sont assurément bien graves, mais sont-elles décisives? Nous ne le croyons pas. Ne serait-ce pas sacrifier les intérêts de la femme, qu'exiger qu'elle apportât pour preuve de ses recours des quittances sous seing privé ayant date certaine? A-t-elle donc à sa disposition des moyens pécuniaires pour les faire revêtir de la formalité de l'enregistrement? Est-elle dans un état d'indépendance assez complet? a-t-elle une expérience suffisante des affaires? Le législateur ne l'a pas cru, car ce sont précisément là les motifs qui l'ont déterminé à accorder à la femme une hypothèque dispensée d'inscription, et pourtant il lui eut été plus facile de prendre une inscription que d'accomplir la formalité de l'enre-

(1) La date a une bien grande importance puisqu'elle détermine dans bien des cas le rang de l'hypothèque légale de la femme.

gistrement, puisque le conservateur doit inscrire l'hypothèque de la femme, sans qu'elle ait besoin d'en acquitter les droits, et qu'aucune faveur semblable ne lui est accordée pour la formalité de l'enregistrement. Il faut donc se contenter d'actes sous seing privé, toutes les fois qu'il n'y aura pas d'indices de fraude. Nous irons même jusqu'à permettre à la femme de constater par témoins le fait et la date des payements, nous y sommes autorisé par l'art. 1415 qui n'est qu'une application de ce principe. *Sic* M. Troplong, n° 593, et un arrêt de la cour de Paris du 31 juillet 1847 (47. 2. 483).

Les principes que nous avons étudiés jusqu'ici reçoivent certaines exceptions au cas de faillite du mari commerçant, au point de vue des créances qu'il est permis à la femme de faire valoir, et au point de vue des preuves qu'elle peut invoquer.

Lors de la promulgation du Code Napoléon, on était encore sous l'empire de la déclaration de 1702, dont les termes applicables seulement aux hypothèques judiciaires et conventionnelles, n'avaient rien de restrictif de l'hypothèque légale de la femme. Mais bientôt on vit des faillites scandaleuses se déclarer de toutes parts, et les femmes absorber frauduleusement, presque tout l'actif au détriment des créanciers ruinés. Une réforme devint urgente, et l'Empereur activa la rédaction du Code de commerce. De retour à Paris, après la glorieuse paix de Tilsitt, l'Empereur discuta avec MM. Cambacérès, Bégouin, Cretet et Treilhard, le livre des faillites et banqueroutes. Il soutint contre ces jurisconsultes la théorie d'une indivisibilité de fortune dans la société conjugale. « Il serait à désirer, disait-il, que la femme, dans tous » les cas, partageât le malheur du mari. Dans une com-

» munauté de biens et de maux telle qu'est le mariage,
» il est inconcevable que les actes du mari ne retombent
» pas d'abord sur sa famille, et que sa femme ne sacrifie
» pas tout ce qu'elle possède, pour prévenir ou du moins
» adoucir les torts d'une personne avec laquelle elle est
» si étroitement unie. Il répugne de voir la femme d'un
» failli étaler un luxe insolent auprès d'un malheureux
» créancier dont les dépouilles l'ont peut être enrichie.
» Ne serait-ce donc pas assez de réduire cette femme à
» de simples aliments. »

Le vœu de l'Empereur ne fut pas adopté, les droits des femmes trouvèrent des défenseurs dans le conseil d'État. Néanmoins, le Code de 1808 s'est armé d'une extrême rigueur contre les femmes du mari en faillite, « et il porte l'empreinte manifeste de l'indignation publique. »

Cette extrême sévérité dépassait les limites d'une juste et nécessaire réforme ; aussi de nombreuses réclamations ne tardèrent pas à s'élever, et après plusieurs essais infructueux, la loi de 1838 est venue corriger la rigueur outrée du Code de 1808.

Avant d'aborder l'examen des restrictions apportées au droit des femmes par la loi commerciale, il faut déterminer dans quels cas elles recevront leur application.

Une première condition est que le mari soit commerçant au jour du mariage, ou s'il ne l'est à ce moment, que la femme ait pu et dû prévoir qu'il le deviendrait postérieurement.

Le législateur établit à cet égard certaines présomptions légales dont il n'admet pas la preuve contraire ; le législateur de 1808 assimilait au mari commerçant lors de son mariage, le mari fils de négociant, n'ayant à l'époque du mariage aucun état ou profession déterminés, qui devenait négociant à une époque quelconque antérieure à la faillite, et même le mari ayant à l'époque du mariage une profession déterminée autre que celle de négociant, s'il devenait commerçant dans l'année qui suivait la célébration de son mariage.

N'était-ce pas exposer la femme, sans qu'elle pût l'avoir prévu, à toutes les rigueurs exceptionnelles de la loi commerciale, que de lui dire : par cela seul que vous épousez un fils de commerçant, vous devez vous attendre à ce qu'il soit tôt ou tard commerçant, ne le devînt-il que dans vingt ans ? Bien plus, vous épousez un homme qui, au jour de son mariage, a une profession autre que celle de commerçant; n'importe, vous devez prévoir que, dans l'année, il va devenir commerçant, alors que bien souvent cette femme, un peu aristocrate peut-être, n'aurait jamais consenti à épouser son mari si elle eût pensé un seul instant qu'il pût devenir commerçant. La loi de 1838 s'est renfermée dans de plus sages limites. Les dispositions de la loi commerciale ne s'appliqueront à la femme qu'autant que le mari sera commerçant au jour du mariage ; ou n'ayant alors aucune profession déterminée, le sera devenu dans l'année de la célébration du mariage.

Une seconde condition est que le mari soit en faillite. Exigerons-nous qu'un jugement déclaratif de faillite ait été rendu par le tribunal de commerce, ou suffira-t-il qu'il y ait eu cessation de payements? Un arrêt de la Cour de Toulouse, du 26 août 1838 (D. 29. 2. 145) exige un jugement déclaratif de faillite pour qu'il y ait lieu à appliquer à la femme les dispositions rigoureuses de la loi commerciale; elles constituent des dérogations au droit commun et elles doivent, par conséquent, être rigoureusement restreintes au cas prévu.

Cette doctrine n'a pu prévaloir; elle est repoussée par M. Pardessus (Droit com., t. 4, n° 2108; par M. Troplong, n° 656, et un arrêt de la Cour de cassation du 13 novembre 1838 (39. 1. 121) considérant que le jugement déclaratif de la faillite ne crée pas l'état de faillite, mais ne fait que le proclamer comme nécessairement préexistant; considérant que le législateur lui-même a pris soin de *déclarer* que ce qui constitue cet état, c'est la cessation des payements, a décidé « que s'il » est vrai que la juridiction spéciale des tribunaux de » commerce est seule compétente *pour déclarer l'ouver-* » *ture de la faillite et en fixer l'époque*, il est certain que » soit que cette formalité ait ou n'ait pas été remplie, il » appartient aux tribunaux civils, qui sont investis de la » plénitude de la juridiction, de reconnaître, en jugeant » les procès qui leur sont soumis, si le fait signalé par la » loi comme caractéristique de l'état de faillite du débi- » teur commerçant (c'est-à-dire l'état de cessation des » payements) a ou n'a pas existé, et d'en appliquer les » effets légaux aux contestations qui s'agitent devant eux.»

Le Code de 1808, art. 551, n'accordait à la femme d'hypothèque légale qu'à raison de trois natures de créances : d'abord pour les deniers ou effets mobiliers qu'elle justifierait par acte authentique avoir apportés en dot; le législateur voulait que les créanciers pussent toujours connaître exactement, par le contrat de mariage, le montant de la créance hypothécaire de la femme. Mais la loi de 1838 lui a rendu son hypothèque à raison des deniers ou effets mobiliers qui lui seraient advenus depuis le mariage, tant par succession que par donation ; elle n'exige plus un acte authentique ; il suffit que la preuve du payement des deniers et de la délivrance des effets ou legs résulte d'un acte ayant date certaine.

Une clause très-fréquente dans les contrats de mariage est que la célébration du mariage vaudra quittance. Quel sera l'effet de cette clause dans le contrat de mariage d'un commerçant? Nous pensons qu'elle formera preuve suffisante du payement et qu'elle permettra à la femme d'exercer son hypothèque légale. Cette solution est contestée, elle rend, dit-on, la fraude trop facile. Soit ; mais une quittance ayant date certaine sera-t-elle donc une garantie plus grande contre la fraude? Nullement, le seul droit qu'il faille réserver aux créanciers, est donc celui d'établir la fraude.

Le Code de 1808 accordait encore à la femme son hypothèque légale pour le remploi de ses biens aliénés pendant le mariage. Cette disposition est reproduite dans la loi de 1838. La femme devra se conformer aux articles 559 à 560 pour établir l'origine des biens aliénés dont elle réclame le prix.

Enfin, la femme exercera son hypothèque légale pour l'indemnité des dettes par elles contractées avec son mari. Si ces dettes ont été acquittées, elle devra établir, conformément à l'article 562, qu'elle les a payées de ses deniers. Si elles ne sont pas encore acquittées, elle aura droit néanmoins à une collocation immédiate conformément à la solution que nous avons donnée plus haut.

Toute action lui est refusée par le Code de 1808 et par la loi de 1838, à raison des avantages portés au contrat de mariage. Par une juste réciprocité, les créanciers de la faillite ne peuvent se prévaloir des avantages faits par la femme au mari dans ce même contrat.

Nous verrons, dans le chapitre suivant, quelles sont les restrictions que la loi commerciale a apportées aux droits de la femme au point de vue des biens grevés de son hypothèque légale.

CHAPITRE III.

DE LA GÉNÉRALITÉ ET DE SES EFFETS.

SECTION PREMIÈRE.

BIENS QUE FRAPPE L'HYPOTHÈQUE LÉGALE DE LA FEMME.

L'hypothèque de la femme mariée est générale, elle frappe tous les biens présents et à venir du mari. Des difficultés se sont élevées sur l'étendue des *biens à venir*; faut-il y comprendre même les biens acquis par le mari après la dissolution du mariage? Un arrêt de cassation du 17 juin 1844 et un arrêt de Lyon du 23 novembre 1850 ont décidé l'affirmative. Ils se fondent sur ce que la généralité de l'hypothèque de la femme tient à l'essence même de la créance dont elle est l'accessoire, et que dès lors elle doit durer autant que la créance elle-même. Nous ne pouvons admettre cette opinion, le mariage dissous il n'y a plus de mari, plus de femme mariée. L'hypothèque légale a pour fondement la qualité des époux, et elle ne peut prendre naissance quand cette qualité a cessé. Au jour de la dissolution du mariage, l'étendue du gage immobilier de la femme doit être déterminé ; désormais il ne peut être restreint sans son consentement, mais il ne peut recevoir aucune extension (*Sic* M. Troplong, n° 643).

Une question toujours controversée et toujours indécise, au moins dans la doctrine, est celle de savoir si l'hypothèque légale de la femme frappe les conquêts de communauté. Il est peu de questions plus difficiles, car la solution dépend de l'opinion que l'on admet sur les principes les plus importants, et pourtant les plus obscurs du régime de la communauté.

La question était déjà controversée dans l'ancien droit. Renusson (de la Com., partie 2, chap. 3, n° 44) et Lebrun (de la Com., page 501) ne reconnaissaient l'existence de l'hypothèque de la femme qu'au cas où elle renonçait à la communauté. Bacquet (*Des droits de justice*, chap. 15, n° 42) et Bourjon (*Droit commun de la France*, tome I, page 671) accordaient au contraire une hypothèque légale à la femme sur les conquêts de communauté, sans parler d'acceptation ni de renonciation.

Que faut-il décider sous l'empire du Code civil ? Deux hypothèses sont à distinguer, ou la femme accepte la communauté, ou elle y renonce. Pour nous toute la question dépend des effets que l'on attribue à la renonciation et à l'acceptation de la communauté : aussi devons-nous entrer à cet égard dans quelques détails.

Lorsque deux époux se marient sous le régime de la communauté, la loi établit entre eux une société dont elle trace les règles particulières avec le plus grand soin. Le mari et la femme sont copropriétaires des biens communs, comme deux associés ordinaires, seulement le droit de la femme a cela de spécial qu'il est soumis à la condition résolutoire de son acceptation. Le mari, dans l'intérêt de la bonne harmonie du ménage et de la prospérité de la société conjugale, reçoit de la loi des pouvoirs très-étendus sur les biens de la communauté. Il en est l'administrateur, et l'administrateur avec tous les pouvoirs d'un propriétaire, moins la faculté d'en disposer à titre gratuit, si ce n'est à titre particulier, et encore en ne s'en réservant pas l'usufruit.

C'est l'étendue un peu exorbitante des pouvoirs du mari qui a inspiré à M. Toullier une doctrine aujourd'hui rejetée par tous, qui consiste à dire que la femme n'est pas l'associée du mari pendant la communauté, mais qu'elle espère le devenir, *non est proprie socia, sed tantum speratur fore*. Non! la femme est une vraie copropriétaire des biens de la communauté, elle est bien l'associée du mari, mais avec une faculté bien remarquable, celle de répudier toutes les conséquences de la communauté. A la dissolution de la communauté, elle peut ou l'accepter ou y renoncer. Si elle l'accepte, elle ratifie tous les actes de son mari, elle est censée avoir donné mandat au mari de la représenter dans tous les actes qu'il a faits comme administrateur de la communauté, et de l'obliger jusqu'à concurrence de son émolument.

L'effet incontestable de l'acceptation de la communauté, et nous insistons parce qu'on a équivoqué sur ce point, est la ratification des actes que le mari a faits comme administrateur de la communauté. Nous rangerons dans cette catégorie tous les actes par lesquels le mari, en vertu de ces pouvoirs d'administrateur, a pu obliger la communauté, encore que ces actes seraient des actes de la plus déplorable administration, seraient, par exemple, des délits ou des quasi-délits qui auraient donné lieu à des dommages et intérêts. Mais nous ne dirons point que l'acceptation de la communauté entraîne la ratification de l'aliénation que le mari aurait faite d'un des propres de la femme ; ce n'est point là un acte que le mari a pu faire, en vertu de son pouvoir d'administrateur de la communauté. Il y a là une sorte de délit donnant lieu à des dommages et intérêts en faveur de l'acquéreur évincé, et l'acceptation de la femme entraînera pour elle l'obligation de contribuer au payement de ces dommages et intérêts dans la limite de son émolument, mais elle n'entraînera point la ratification de l'aliénation de son propre ; elle conservera le droit de le revendiquer, car l'acceptation de la femme entraîne ratification, mais seulement des actes que le mari a faits comme administrateur de la communauté. Pour ceux qu'il a faits en dehors de ses pouvoirs, le seul effet de l'acceptation sera d'entraîner l'obligation de contribuer aux dommages et intérêts s'il y a lieu.

Ce principe une fois établi, la question que nous étudions ne peut faire doute un seul instant. La femme accepte-t-elle la communauté ? Il faut lui refuser toute hypothèque sur les conquêts, qu'elle se trouve en présence des créanciers chirographaires de la communauté, des créanciers hypothécaires ou des tiers acquéreurs ; dans tous les cas, par son acceptation, elle ratifie le mandat donné au mari, et elle doit être obligée comme si elle avait comparu au contrat, sauf cette différence que si elle y avait comparu, elle serait tenue même sur ses propres biens. Dans la limite des biens de la communauté, son obligation est aussi stricte.

Ce sont là les raisons qui, selon nous, sont décisives pour refuser à la femme une hypothèque sur les conquêts ; mais nous ne dirons point avec M. Troplong qu'elle doit lui être refusée parce que, à raison de son acceptation, elle est tenue *pro parte* des dettes de la communauté, et, par conséquent, de l'obligation de garantie due aux tiers, et que la lui accorder serait violer la maxime *quem de evictione tenet actio eumdem agentem repellit exceptio.* En effet, comme le remarque fort bien M. Valette (*Hypothèques*, p. 257), si la communauté ne présente aucun émolument, la femme même acceptante, peut se décharger en entier du fardeau des dettes, et, par conséquent, de l'obligation de garantie : dans le cas même où elle trouve un émolument dans la communauté, elle n'est tenue que jusqu'à concurrence de cet émolument et jamais au delà d'une moitié des dettes qu'elle n'a pas contractées personnellement. Pourquoi, dès lors si l'on n'avait à invoquer ici que la maxime *quem de evictione*, etc., la femme, lorsqu'elle n'est obligée que pour partie envers les tiers, ne conserverait-elle pas pour l'autre partie son droit d'hypothèque légale? L'obligation de garantie n'est-elle pas parfaitement divisible !

Si nous supposons maintenant que la femme renonce à la communauté, par l'effet de la condition résolutoire, elle sera censée n'avoir jamais été copropriétaire du mari; lui seul aura toujours été l'unique propriétaire des biens de la communauté, il aura toujours agi son nom et jamais comme mandataire de sa femme, en un mot la communauté sera considérée comme non avenue, comme n'ayant jamais existé. Mais alors les biens qui auraient été communs si la femme eût accepté, auront toujours été biens du mari et, comme tous les autres, le mari n'aura pu les donner en gage à ses créanciers chirographaires, ou les grever de droits réels, ou les aliéner qu'en réservant le droit d'hypothèque de la femme ! Telle est la solution à laquelle on arrive nécessairement si le point de départ est fondé. Est-il vrai d'une manière absolue que, par l'effet de la renonciation, la communauté soit censée n'avoir jamais existé? Toute la question est là! quelle que soit l'autorité des auteurs qui ont nié la vérité de ce principe (1), il nous est impossible de ne pas l'admettre. Quant aux dettes, personne ne le conteste, la loi le dit en propres termes. Quant aux biens, elle le décide implicitement. L'art. 1475 ne peut s'expliquer que de cette manière. Si le mari n'était point considéré comme propriétaire en vertu d'un droit ancien, par l'effet d'une condition résolutoire, on dirait qu'il acquiert les parts des héritiers de la femme qui renoncent à la communauté, et non pas qu'il perd les droits de ceux qui acceptent. Tel est cependant le sens de l'art. 1475. On peut dire qu'il conserve *Jure non decrescendi*, tout ce qui ne lui est pas enlevé.

Un argument plus décisif encore résulte de la loi fiscale. La loi du 21 frimaire an VII (art. 68, § 1, n° 1) soumettait à un simple droit fixe les renonciations à la communauté. La loi du 28 avril 1816 a continué à les tarifer d'un simple droit fixe, et pourtant, à cette époque, la pénurie du trésor était grande, et rendait ingénieux à découvrir dans la loi civile la source de nouveaux droits fiscaux. Assurément, on ne se fût fait aucun scrupule de tarifer d'un droit proportionnel les renonciations à la communauté, s'il n'eût été un principe fondamental de notre droit comme du droit ancien que les renonciations à la communauté ne sont pas considérées comme opérant au profit du mari une translation de propriété.

(1) M. Delvincourt, t. III, note sur la page 165; M. Persil, Régime hypoth., art. 2121, n° 10; M. Cubain, Droit des femmes, n° 528; M. Valette, Hyp., p. 258.

Ce principe existe donc, et dès lors il est impossible de ne pas reconnaître à la femme une hypothèque sur les conquets de communauté. On a dit qu'admettre ce système c'était ôter au mari la faculté de disposer des biens de la communauté ! — Nullement. Car ou la femme acceptera la communauté et le mari aura disposé en son nom et comme mandataire de sa femme, de biens dont ils étaient copropriétaires; ou la femme renoncera, et le mari aura disposé de biens dont il était seul propriétaire; or il n'est pas plus permis de dire, dans cette hypothèse que dans toutes les autres, que le mari n'a pas la faculté de disposer de ses biens parce qu'il ne peut le faire qu'à la condition de réserver les droits d'hypothèque légale de la femme. Tout ce qu'on peut dire, c'est qu'un pareil système nuira au crédit de la communauté, comme la menace de l'hypothèque légale nuit au crédit du mari, et que la faveur accordée à la femme tournera souvent contre elle, puisqu'il lui importe autant qu'au mari que le crédit de la communauté soit puissant. Mais ces considérations de fait ne peuvent nous empêcher de proclamer les conséquences juridiques du principe incontestable que, par l'effet de la renonciation, le mari est censé avoir toujours été seul et unique propriétaire des biens de la communauté.

Cette doctrine est celle de Renusson, de M. Grenier (1), de M. Toullier (2), de M. Troplong (3); elle est consacrée par un arrêt célèbre de la Cour de cassation du 19 novembre 1819 (DEV. 20. I. 118), et par la jurisprudence.

La femme dont le mari est membre d'une société de commerce ne peut rien prétendre sur les immeubles

(1) Hypoth., t. XII, n° 248. — (2) T. IX, n° 305. — (3) N° 433 ter.

sociaux tant que dure la société. La société une fois dissoute, la femme exercera son hypothèque s'il tombe des immeubles au lot du mari, sans qu'elle puisse, du reste, critiquer le partage s'il lui attribue des effets mobiliers, à moins qu'elle ne prouve la fraude.

Si le mari est propriétaire d'immeubles sous condition suspensive et que la condition s'accomplisse, l'hypothèque de la femme s'exercera sur ces biens comme sur tous les autres. Si, au contraire, elle ne s'accomplit pas, la femme n'aura jamais eu d'hypothèque. C'est par application de ce principe que l'on décide que l'hypothèque de la femme ne frappe pas les biens sur lesquels le mari n'a qu'un droit de réméré, si le réméré n'est pas exercé ; et nous maintenons cette décision, encore que le réméré soit exercé par un tiers, à qui le mari l'ait vendu. Car, en pareil cas, la condition ne s'est pas accomplie au profit du mari, l'immeuble n'est pas rentré dans son patrimoine, il n'est pas venu prendre l'empreinte de l'hypothèque.

Si le mari est propriétaire sous condition résolutoire et que la condition s'accomplisse, le droit d'hypothèque de la femme s'évanouira en même temps que le droit de propriété du mari. Ce principe reçoit cependant deux exceptions dans les art. 952 et 1054. Nous ne reviendrons point sur ces exceptions, il nous suffit de renvoyer à ce que nous avons dit précédemment (page 51).

Nous avons déjà vu dans le chapitre précédent les restrictions que la loi commerciale apporte aux droits des femmes, au point de vue des créances qu'elles peuvent faire valoir et des preuves qu'elles peuvent invoquer, il nous reste à parler de la restriction du gage immobilier.

Le Code de 1808 (art. 551) n'accordait d'hypothèque à la femme que sur les immeubles dont le mari était propriétaire lors de la célébration du mariage. Une pareille rigueur outrepassait le but. Ce qu'il fallait empêcher, c'était que la femme pût exercer son droit de préférence sur des immeubles que le mari se serait procurés avec l'argent de ses créanciers, et vînt ainsi frauduleusement dépouiller les créanciers du failli : or, ce danger n'existe pas quand il s'agit d'immeubles acquis par succession et donation, et la loi de 1838 est venue corriger une rigueur qui n'avait pas de raison d'être.

L'hypothèque de la femme du commerçant en faillite peut-elle s'étendre sur les améliorations d'un des immeubles du mari opérées pendant le mariage? Il faut distinguer les simples améliorations des constructions nouvelles, les premières ne seront jamais bien considérables, elles seront un acte de bonne administration, dans lequel on ne pourra rien voir de frauduleux, et il serait fort difficile de déterminer la plus value résultant de ces améliorations. Les constructions nouvelles n'ont aucun de ces caractères, et elles rentrent assurément dans la catégorie des biens sur lesquels la loi refuse une hypothèque à la femme, parce qu'elle ne veut pas qu'elle puisse primer les créanciers sur des valeurs acquises avec leur argent.

La loi de 1838 est bien plus favorable aux femmes que le Code de 1808, aussi son application donne lieu à une question transitoire assez importante, quand il s'agit d'une femme mariée sous le régime de la loi de 1808, et que la faillite du mari est postérieure à 1838. On ne conteste pas que l'hypothèque de cette femme ne datera, dans le cas où l'ancien Code ne la reconnaissait pas, que du jour de la promulgation de la loi nouvelle, mais sera-t-elle opposable aux créanciers chirographaires antérieurs à cette promulgation? Nous le pensons, le simple créancier chirographaire ne peut prétendre qu'il avait au moment de la promulgation de la loi, un droit acquis à n'être primé par aucun droit de préférence résultant d'une loi postérieure à la créance. Nous pouvons invoquer en ce sens la jurisprudence (1), et l'opinion de MM. Renouard (2) et Valette (3).

SECTION II.

DU BÉNÉFICE DE DISCUSSION QUI PEUT ÊTRE OPPOSÉ A L'HYPOTHÈQUE DE LA FEMME.

La généralité de l'hypothèque légale donne à la femme la faculté de poursuivre le payement de ses créances, sur l'un quelconque des immeubles dont le mari est actuellement propriétaire, ou dont il n'a aliéné la propriété que depuis le mariage. On sent combien une pareille faculté offre de dangers pour les tiers. L'action de la femme aura pour effet, tantôt d'évincer de son acquisition un tiers détenteur qui n'a pas purgé, tantôt de dépouiller un créancier hypothécaire de ses garanties.

L'art. 2170 du C. Nap. restreint, à l'égard du tiers acquéreur, le droit qui appartient à la femme de faire porter son hypothèque indifféremment, sur tel ou tel des immeubles qu'elle frappe. Le tiers détenteur, pourra s'il est poursuivi hypothécairement, demander la discussion du débiteur principal, c'est-à-dire qu'il pourra

(1) Cassation, 3 janvier et 17 septembre 1844 (D., 44, 1, 106).
(2) T. II, p. 278 et suiv. — (3) Valette, p. 265

exiger que la femme poursuive d'abord son payement, sur les immeubles qui sont encore entre les mains de son mari.

Une pareille limitation peut-elle être opposée aux droits de la femme, en faveur des créanciers hypothécaires? Tel est l'objet de la célèbre question du *concours des hypothèques générales et spéciales.*

La difficulté consiste à déterminer les droits respectifs du créancier porteur d'une hypothèque générale qui est la première en date et des créanciers spéciaux. Le créancier à hypothèque générale pourra-t-il poursuivre son payement sur l'un quelconque des immeubles du débiteur? Si l'on admet l'affirmative, le créancier à hypothèque spéciale, dont le gage unique aura été absorbé par l'action du créancier antérieur, qui aura fait porter sur ce seul immeuble tout le poids de son hypothèque générale, aura-t-il un recours et quelle sera la limite de ce recours?

Nous distinguerons dans l'examen de cette question *le droit de poursuite et la contribution.*

Le *droit de poursuite* sera le droit du créancier à hypothèque générale, de la femme, par exemple; la *contribution* sera la part que devra supporter en définitive le créancier à hypothèque spéciale, dont le gage unique aura été absorbé par l'action du créancier à hypothèque générale. Etudions d'abord le droit de poursuite.

Ce premier point ne peut, suivant nous, faire l'objet d'une discussion sérieuse. L'hypothèque générale est de son essence indivisible, elle affecte toutes les portions de la chose grevée et dès lors nous permettrons à la femme de choisir celui des immeubles grevés sur lequel elle préférera exercer son droit. Cette conséquence se trouve formulée dans les lois 2 et 6 *qui potiores in pignore*. Elle est adoptée par la jurisprudence (1) et par presque tous les auteurs.

Afin de mieux préciser les applications de ce principe, prenons quelques espèces.

Le mari a plusieurs immeubles, qui tous sont grevés de l'hypothèque légale de la femme ; l'un d'eux est en outre grevé d'une hypothèque spéciale postérieure à l'hypothèque de la femme; et c'est précisément cet immeuble dont la femme poursuit l'expropriation et sur lequel elle demande à être colloquée. Pourra-t-on l'écarter? Non. Le créancier spécial ne pourra exiger que la femme aille se faire payer sur les autres biens, il ne pourra la contraindre à une discussion longue et coûteuse, il n'aura d'autre moyen pour écarter la femme que de la désintéresser de ses deniers et, en vertu de l'art. 1251-1°, il jouira du bénéfice de la subrogation légale.

Si nous supposons maintenant que le mari soit propriétaire de deux immeubles, A et B, tous deux grevés de l'hypothèque de la femme, que l'immeuble A ait été spécialement affecté à *Primus* et que postérieurement l'immeuble B ait été spécialement hypothéqué à *Secundus* : quels seront les droits de la femme? Là encore, par une sorte de *à fortiori*, nous déciderons que la femme pourra poursuivre son payement sur l'immeuble A ou sur l'immeuble B à son choix, et que poursuivît-elle l'immeuble A qui est spécialement hypothéqué à *Primus*, *Primus* ne pourra, sous prétexte qu'il est plus ancien que *Secundus*, renvoyer la femme à discuter l'immeuble B,

(1) Cassation, 4 mars 1833 (Dalloz, 33, 1, 125); Cassation, 24 déc. 1844 (*J. du P.*, 1845, 1, 98); Cassation, 16 août 1847 (*J. du P.*, 1847, 2, 621).

ni même l'obliger à diviser son hypothèque (1). Nous déciderions ainsi, et au cas où une portion seulement des biens hypothéqués serait vendue, et au cas où tous les immeubles seraient vendus, s'il fallait pour la distribution du prix ouvrir plusieurs ordres devant des tribunaux différents.

Le créancier à hypothèque spéciale n'aura pas d'autre ressource, s'il veut éviter ce résultat, que de désintéresser la femme et d'obtenir ainsi la subrogation légale en vertu de l'art. 1251-1°.

Nous refuserons, au contraire, à la femme le droit de se faire payer sur un bien exclusivement, au cas où tous les biens grevés de l'hypothèque générale ne donneront lieu qu'à un ordre unique. La division de l'hypothèque générale ne fera alors aucun tort à la femme, et comme le remarque M. Troplong, il y aura moins une division d'hypothèque, qu'une division de collocation, qui n'altérera en rien le grand principe de l'indivisibilité de l'hypothèque ; nous refuserons ce droit à la femme, encore qu'elle ait intérêt à faire porter exclusivement sa collocation sur un bien, afin de faire arriver en rang utile une hypothèque spéciale qu'elle aurait sur un des immeubles, parce que l'intérêt qu'elle voudrait invoquer, n'aurait pas trait au payement d'une créance pour laquelle une hypothèque générale et indivisible lui est accordée, mais uniquement au payement d'une créance pour laquelle il n'y a aucune raison de déroger aux principes généraux.

Nous avons terminé ce que nous avions à dire du droit de poursuite de la femme. Il nous reste à étudier

(1) *Sic* M. Troplong, n° 753 et M. Tarrible, Répert. de Merlin, v° *Transcription*, p 128, col. 1.—*Contrà*, Arrêt de la Cour de Paris du 5 avril 1811.

la *contribution*, c'est-à-dire la part que doit en définitive supporter le créancier spécial dont le gage a été entièrement absorbé par la femme.

C'est ici que nous rencontrerons les plus grandes difficultés. Nous essaierons de les résoudre dans chacune des hypothèses que nous avons parcourues tout à l'heure.

Le mari avait plusieurs immeubles, un seul était spécialement hypothéqué et c'est précisément sur celui-là que la femme a poursuivi sa collocation; le créancier spécial dont le gage a été absorbé en entier sera-t-il réduit à la qualité de simple créancier chirographaire? Nous ne pouvons l'admettre, nous croyons que le système, le seul vrai, est celui que proposaient en 1841 les cours de Limoges, de Pau, de Rennes, de Rouen; et les facultés de Dijon, de Grenoble, de Poitiers et de Rennes (1). Nous dirons que les immeubles grevés d'hypothèques générales sont de vrais débiteurs *in solidum*, que le créancier a le droit de poursuivre celui qu'il veut, mais qu'en définitive la dette doit se partager entre les débiteurs, en proportion de leur intérêt qui ici est déterminé par la valeur de l'immeuble. En conséquence, le créancier dont le gage aura satisfait à l'hypothèque générale exercera son recours conformément à l'art. 1214.

Supposons maintenant que le mari soit propriétaire de deux immeubles A et B, que Primus se soit inscrit pour 50,000 fr. sur A, et que postérieurement Secundus se soit inscrit pour 50,000 fr. sur B.; puis que la femme ait poursuivi l'immeuble A et se soit fait colloquer pour 50,000 fr.; quelle sera la ressource de Primus dont le gage se trouvera absorbé? aura-t-il un recours dans tous

(1) Documents hypoth., t. I, introd, p. CXCIV et suiv. et t. II, p. 827 et suiv.

les cas ? M. Tarrible (1) et M. Duranton (2) pensent que le créancier à hypothèque spéciale doit être subrogé de plein droit à l'hypothèque de la femme. Ils trouvent leur raison de décider dans les art, 553 et 554 du Code de com., d'après lesquels les créanciers chirographaires reprennent dans la collocation immobilière des créanciers hypothécaires une valeur égale à celle que ceux-ci ont reçue dans la distribution du mobilier. Il y a une très-grande analogie entre la situation des créanciers chirographaires et celle du créancier à hypothèque spéciale qui a payé. Sans doute, il ne faut pas que la position du créancier général soit empirée, qu'il souffre un préjudice ou un retard, mais il n'en est pas moins vrai que son hypothèque affectait l'immeuble A comme l'immeuble B, et que la saisie de l'immeuble A avant celle de l'immeuble B ne peut pas tellement influencer sur le sort de deux créanciers égaux en droit, que l'un perde sa créance et que l'autre la recouvre en entier. De même que lorsqu'un créancier hypothécaire a reçu en premier lieu une portion du prix des meubles dans la distribution chirographaire, sa créance, quoique diminuée d'autant, n'en est pas moins colloquée tout entière dans l'ordre hypothécaire, et qu'une subrogation légale met les créanciers chirographaires à la place du créancier hypothécaire pour recouvrer une somme égale à celle que ce dernier a retirée de la masse chirographaire; de même si le domaine A a été vendu le premier et que le prix en ait été distribué à la femme, il faudra, lorsque le domaine B sera vendu, la colloquer encore au premier rang pour lui substituer, à l'aide d'une subrogation légale, le créancier dépouillé

(1) Répert., *Transcription*, p. 128, col. 2. — (2) T. XIX, n° 390.

de son gage et lui ménager un moyen de recouvrer une partie de sa créance.

Nous pouvons aussi considérer les immeubles A et B comme des débiteurs *in solidum*, et dire que le créancier de l'immeuble A est censé avoir payé de ses deniers tout ce qui dépasse sa contribution définitive, et a droit, par conséquent, à la subrogation légale dans les droits d'hypothèque de la femme.

M. Troplong (n° 750) se refuse à admettre la subrogation légale parce que, dit-il, le créancier à hypothèque générale qui a été payé doit donner mainlevée de son incription; son hypothèque n'existe donc plus, et on ne peut être subrogé à ce qui n'existe pas. — Il nous est impossible de comprendre un pareil raisonnement, il conduit à des conséquences inadmissibles. En effet, on peut le reproduire sous la forme suivante et dire que le créancier qui est payé doit donner quittance (ce qui est la mainlevée de l'hypothèque), que par conséquent sa créance n'existe plus et qu'on ne peut y être subrogé; on arriverait ainsi à dire que dans aucun cas la subrogation n'est possible. Ce qui est vrai, c'est que le payement avec subrogation est une opération à double fin. C'est un payement vis-à-vis du créancier, une cession *sui generis* vis-à-vis du subrogé. Quoi qu'il en soit, M. Troplong et plusieurs arrêts (1) n'accordent la subrogation au créancier à hypothèque spéciale qu'autant qu'il a désintéressé de ses deniers le créancier à hypothèque générale. Nous croyons, au contraire, que dans tous les cas il aura un recours garanti par la subrogation à l'hypothèque générale, et nous invoquerons pour lui en ce sens un arrêt de Rouen du 14 mars 1826.

(1) Toulouse, 15 juin 1827, cassation, 27 avril 1830; Rouen, 15 janv. 1839.

Quelle sera la limite du recours du créancier à hypothèque spéciale? M. Grenier (1), M. Troplong et la Cour de cassation (2) décident que la division doit se faire en ayant égard à l'antériorité des droits acquis et en cherchant à les conserver intacts autant que possible : « S'il est dans la nature de l'hypothèque spéciale de restreindre son effet à l'immeuble qui en est l'objet, il est aussi dans l'esprit général du système hypothécaire d'avoir égard à l'antériorité des droits acquis parce que le créancier qui a prêté le dernier a eu bien moins de raisons que les autres de croire à la solvabilité du débiteur commun. » M. Tarrible (3) veut, au contraire, que l'hypothèque générale soit répartie sur tous les immeubles vendus au marc le franc de leur valeur. En effet, le système de la Cour de cassation, réglé sur l'antériorité, est la violation du principe de la spécialité. Assurément, le principe de l'antériorité est un grand principe en matière d'hypothèques, c'est lui qui les distingue des privilèges, *prior tempore, potior jure*; mais il ne doit recevoir son application que quand il s'agit d'hypothèques assises sur un même immeuble. Le créancier inscrit le 1er janvier sur l'immeuble A viendra avant le créancier inscrit le 2 janvier sur le même immeuble; mais s'il s'agit d'hypothèques assises sur des immeubles différents, le principe de la spécialité réclame une tout autre solution. Le rang de celle-ci n'a aucun point de contact avec le rang de celle-là. Il n'y a ni priorité ni préférence des unes sur les autres, quelle que soit la date des inscriptions. L'inscription rend bien l'hypothèque efficace, mais elle ne

(1) T. I, p. 383.

(2) Cassation, 16 juillet 1821 (Dev., 21, 1, 360); 5 août 1847 (47, 1, 830).

(3) Répert. de Merlin, vº *Transcription*.

l'étend pas à des immeubles sur lesquels le débiteur ne l'a pas spécialement conférée. Le créancier qui a une hypothèque spéciale sur un immeuble ne peut donc, sous prétexte qu'il est plus ancien que le créancier qui a une hypothèque spéciale sur un autre immeuble, exercer un droit hypothécaire sur cet immeuble. « Les deux créanciers sont égaux devant la loi. » Leur condition respective dépend uniquement de la valeur du gage qu'ils se sont respectivement fait donner, le dernier créancier n'a accepté le sien que parce qu'il l'a vu libre de l'hypothèque de l'autre créancier. — Tel est l'esprit de notre régime hypothécaire, tel est le but de la spécialité de l'hypothèque conventionnelle. C'est assurément méconnaître cet esprit et détruire tous les avantages de la spécialité que d'exiger que le créancier, avant de prendre inscription sur un immeuble, calcule, non-seulement le montant des hypothèques générales ou spéciales inscrites avant lui, mais aussi les inscriptions prises sur d'autres immeubles. C'est là un point que M. Pont établit avec la plus grande netteté dans un article de la *Revue de législation* (1).

Nous croyons donc que le montant de l'hypothèque générale doit se distribuer entre les créanciers à hypothèque spéciale au *prorata* de la valeur des immeubles qui forment leur gage ; c'est là le mode de distribution que nous adoptons, soit que le créancier spécial ait été exproprié de son gage sur les poursuites de la femme, soit qu'il l'ait désintéressée de ses deniers, soit que tous les immeubles aient été vendus, qu'un seul ordre ait été ouvert et que le juge-commissaire ait à assigner directement la part que chacun doit supporter.

(1) 1845, t. Ier, p. 532.

Il peut se faire qu'une femme, outre son hypothèque générale sur les immeubles de son mari, ait une hypothèque spéciale sur un immeuble de celui-ci ; dans ce cas, si la femme veut se prévaloir de son hypothèque générale sur un immeuble affecté par hypothèque spéciale à d'autres créanciers, pourra-t-elle être renvoyée à discuter préalablement l'immeuble sur lequel elle a une hypothèque spéciale? on admet généralement l'affirmative. On invoque comme décisive l'autorité du droit romain (loi 9, *De distract. pignor.*) et de notre ancien droit français. On était unanime pour reconnaître que l'hypothèque générale n'ayant été obtenue que *in subsidium*, le créancier ne pourrait l'invoquer qu'autant que son hypothèque spéciale ne lui suffirait pas. En effet, dans notre ancien droit, l'hypothèque était toujours générale; en droit romain elle l'était le plus souvent : Si donc un créancier avait consenti à spécialiser sa créance sur un certain immeuble, il s'était tacitement engagé à ne recourir sur les autres immeubles de son débiteur qu'en cas d'insuffisance de celui-là, autrement cette convention particulière n'aurait eu aucune signification. Mais il faut remarquer que les hypothèques générales sont chez nous judiciaires ou légales; et que la circonstance qu'nn créancier se trouve avoir en même temps une hypothèque générale et une hypothèque spéciale, n'emporte l'idée d'aucune convention particulière. Si un créancier a une hypothèque spéciale portant sur l'immeuble, c'est que toutes les hypothèques conventionnelles sont spéciales. Si maintenant par un événement postérieur, un jugement, un mariage, une tutelle, il acquiert une hypothèque générale sur tous les biens de son débiteur, pourquoi serait-il tenu d'exercer son droit sur un immeuble plutôt que sur un autre? il n'a pris à ce sujet aucun engagement exprès ou tacite.

Il ne faut pas croire d'ailleurs que ce système conduise toujours aux résultats les plus équitables. C'est ainsi que le créancier le plus ancien du mari après la femme, pourra s'il a hypothèque sur l'immeuble spécialement affecté à celle-ci, se voir privé de sa collocation par des créanciers postérieurs, de sorte qu'on sera conduit à ce résultat, que la Cour de cassation et certains jurisconsultes ne veulent pas admettre, à savoir, qu'un créancier ayant hypothèque spéciale sur un immeuble, peut nuire à celui dont l'hypothèque sur un autre immeuble est antérieure à la sienne.

CHAPITRE IV.

DU RANG DE L'HYPOTHÈQUE LÉGALE.

L'hypothèque légale de la femme frappe tous les immeubles du mari; mais elle n'est point la seule qui jouisse du bénéfice de la généralité; il appartient encore à l'hypothèque du mineur et à l'hypothèque judiciaire; on se demande, dès lors, comment se réglera le concours des diverses hypothèques générales sur les biens acquis par le mari postérieurement à leur naissance. Dira-t-on que chacune conservera le rang que lui donne sa date, sur les biens présents, ou concourront-elles au marc le franc? M. Persil soutient cette dernière opinion. Selon lui, au moment où l'immeuble est entré dans le patrimoine du mari, il a été frappé en même temps par toutes les hypothèques générales, et il ne doit pas y avoir de préférence entre elles ; il invoque la loi 7, §. 1, Dig., *Qui potiores*. Mais la loi 2, au même titre, décide précisément le contraire, et il n'y a pas là nécessairement une contradiction, car la loi 2 qui refuse le concours, suppose bien expressément, par le mot *postea*, que les créanciers ne sont pas de la même date, tandis que dans la loi 7, il n'y a aucune expression qui indique que les deux créances soient de date différente, et c'est pour cela qu'elle admet le concours. Nous pensons donc que c'est la solution de la loi 2 qu'il faut adopter ; c'était déjà l'opinion de Pothier ; ce savant jurisconsulte faisait très-bien remarquer que le débiteur qui engage tous ses biens, s'oblige par là même à ne rien faire qui puisse nuire au droit constitué. — Nous ajouterons que les arguments de texte ne nous manquent pas ; que l'art. 2135 détermine le rang de l'hypothèque légale de la femme, sans faire aucune distinction entre les biens présents et les biens à venir, que l'art. 2148 déclare que dans le cas d'une hypothèque judiciaire, une seule inscription frappe tous les immeubles compris dans l'arrondissement du bureau. Or, elle les frappe évidemment à sa date. sans quoi une inscription nouvelle serait nécessaire pour déterminer le rang de l'hypothèque sur chaque immeuble nouveau.

Le projet du conseil d'État fut d'abord de fixer à une seule date le rang de l'hypothèque de la femme, pour toutes les répétitions qu'elle aurait à exercer contre son mari. C'était l'hypothèque de la femme dans plusieurs coutumes, notamment dans la coutume de Paris, c'est l'hypothèque légale du mineur dans notre Code lui-même. Une faveur si exceptionnelle fut refusée à la femme sur les observations du Tribunat. il fit remarquer combien un

pareil système serait contraire à l'équité et fatal au crédit public : « Un mari serait donc le maître, disait
» M. Treilhard, de dépouiller ses créanciers légitimes en
» s'obligeant envers des prête-noms et en faisant paraître
» sa femme dans ses obligations frauduleuses pour lui
» donner hypothèque du jour de son mariage, il con-
» serverait ainsi sous le nom de sa femme des propriétés
» qui ne devraient plus être les siennes. »

On prit le parti plus sage de donner à la femme pour chacune des obligations de son mari envers elle une hypothèque ne prenant rang que du jour où le mari se trouve obligé envers elle. En un mot, la créance et l'hypothèque naissent en même temps.

L'article 2135 énumère les principales créances de la femme et détermine le rang de l'hypothèque pour chacune d'elles.

En premier lieu, nous trouvons la créance de la dot et des conventions matrimoniales. L'hypothèque prend rang du jour du mariage.

Par *dot*, nous n'entendrons pas ici tout ce que la femme apporte au mari pour supporter les charges du ménage, mais seulement les biens sur lesquels le mari a, dès le jour du mariage, un droit acquis, encore qu'il y ait un terme ou une condition, pourvu que cette condition ne soit potestative ni de la part de la femme ni de la part d'un tiers. Ainsi, nous accorderons à la femme une hypothèque du jour du mariage pour la restitution des 20,000 francs qu'elle s'est constitués en dot, encore qu'il ait été stipulé que ces 20,000 francs ne seraient payés que quatre ans après le mariage, ou ne seraient dus que si tel navire arrivait d'Asie, et que ce navire ne fût arrivé que deux ou trois ans après le mariage. Dans tous ces cas, dès le jour du mariage, le mari a un droit acquis qu'il n'est au pouvoir de personne de lui enlever, dès ce moment il devient comptable envers sa femme si la condition se réalise.

Au contraire, la femme n'aura pas d'hypothèque du jour du mariage au cas où elle se sera constitué en dot les biens qu'elle recueillera de successions ou de donations, parce que l'acquisition de ces biens dépend de la femme et surtout d'un tiers; elle est soumise à une condition potestative de la part de la femme et d'un tiers. En un mot, la femme est colloquée au jour du mariage pour la dot constituée en biens présents, elle n'est colloquée qu'à un rang postérieur pour la dot constituée en biens à venir.

On s'est demandé quelle serait la date de l'hypothèque si le mari touchait pendant le mariage la somme provenant d'une action en réméré exercée contre un immeuble dotal.

La raison de douter, est que nous voyons, par le texte de notre article, que la femme aura hypothèque seulement du jour où le mari les aura reçues, pour toutes les choses qui ne sont pas constituées en dot au moment même du mariage.

Il nous semble cependant que l'on doit sans hésiter faire remonter l'hypothèque au jour du mariage. En effet, puisque la femme a remis à son mari en l'épousant des biens soumis à la condition du réméré, celui-ci est devenu dès ce moment comptable envers elle d'un immeuble ou d'une somme d'argent, suivant l'événement de la condition. L'apport de la femme est certain, sa nature seule est indéterminée. Si le réméré est exercé, le mari est censé, par l'effet ordinaire des conditions résolutoires, avoir reçu au jour du mariage la somme que l'immeuble représentait entre ses mains. C'est bien à tort qu'on a voulu assimiler ce cas à celui où le mari touche une somme provenant de l'aliénation d'un propre de la femme, et n'accorder à la femme hypothèque que du jour du rachat. Il ne s'agit pas ici d'une aliénation volontaire d'un propre de la femme, il s'agit d'une aliénation forcée d'un bien dotal, du remplacement d'un fonds dotal par une somme d'argent, il n'y à craindre ni fraude ni collusion.

Une femme a pour fortune 40,000 fr. qui lui proviennent d'un partage ou d'une vente ; elle se marie, se constitue en dot ses biens présents et à venir, puis elle s'aperçoit qu'elle a été lésée et elle exerce une action en rescision pour lésion ; elle obtient un supplément de 25,000 fr. par exemple : aura-t-elle hypothèque pour la restitution de cette somme du jour du mariage ou du jour de la réception de cette somme par le mari ? Elle aura hypothèque du jour du mariage, car elle s'est constituée en dot ses biens présents, et déjà, à cette époque, elle avait dans son patrimoine l'action en rescision : peu importe le moment où elle a été exercée.

Nous accorderons encore une hypothèque à compter du jour du mariage pour les indemnités que la femme a le droit de réclamer de son mari pour mauvaise administration de ses biens dotaux, ou pour les frais de la demande en séparation de biens. Dans les deux cas, la créance de la femme naît de la violation de l'obligation de bien administrer que le mari avait contractée par le fait même du mariage.

La femme mariée sous le régime dotal, a hypothèque du jour du mariage pour l'aliénation de ses immeubles dotaux ; nous la colloquerons au même rang au cas où le mari avait le pouvoir d'aliéner les immeubles dotaux, mais à condition de remploi. Dans les deux cas, il a violé la loi du contrat, et l'hypothèque légale a précisément pour but d'en assurer l'exécution. Mais si le mari avait le droit d'aliéner l'immeuble dotal sans condition de remploi, nous ne donnerions hypothèque que du jour de l'aliénation de l'immeuble ; de ce jour-là seulement le mari s'est trouvé obligé, car son aliénation ne constitue point, en pareil cas, une violation du contrat.

Les conventions matrimoniales sont les donations telles que *douaire, gain de survie* que les époux se font par contrat de mariage ; on doit y comprendre *à fortiori* les avantages que la loi elle-même, dans les art. 1465 et 1570-2°, a constitués en faveur des femmes.

Toutes les fois qu'il aura été convenu que le préciput pourra s'exercer même sur les biens du mari, la femme aura hypothèque du jour du mariage, car c'est là une véritable convention matrimoniale.

L'art. 2135 a fixé pour point de départ à l'hypothèque de la dot et des conventions matrimoniales, le jour du mariage, sans distinguer le cas où il a été dressé un contrat de mariage et celui où les époux se sont mariés sans contrat.— Cependant, M. Tarrible (1) et M. Troplong (2) soutiennent que l'art. 2135 ne s'applique qu'au cas où il n'a pas été dressé de contrat de mariage.— Dans l'ancien droit, disent-ils, il était universellement reconnu que l'hypothèque de la femme datait du jour du contrat de mariage ; le Code a suivi la même doctrine, ils en trouvent la preuve dans les art. 2194 et 2195 qui

(1) Répertoire de Merlin, v° *Inscription*, § 3, n° 8.— (2) T. II, n° 583.

portent que les inscriptions prises dans le délai de deux mois auront le même effet que si elles avaient été prises *le jour du contrat de mariage*. Cela est juste, disent-ils, car si la loi n'avait pas donné d'hypothèque à la femme, c'est dans le contrat de mariage qu'on l'aurait stipulée ; elle aurait pris rang dès cette époque, car la condition sous laquelle est faite ce contrat étant mixte et non potestative, la rétroactivité est permise ainsi que le décident les jurisconsultes romains (loi 1, Dig. *Qui potiores*).

Ils invoquent enfin l'article 1404, § 2, qui prouve « que » la communauté est légalement existante dès le jour du » contrat. »

Cette opinion est rejetée par tous les auteurs et par la jurisprudence (1).

Il n'y a aucun argument à tirer de l'ancien droit, parce que tout acte notarié entraînait alors hypothèque tacite. Ce principe n'est plus admis chez nous, et on ne peut le faire revivre exceptionnellement, sans un texte spécial ; ce texte n'est pas celui des articles 2194 et 2195 : ils ne sont pas concluants parce qu'ils ne sont pas au siége de la matière, et que s'il y a une contradiction entre 2135 et 2194, c'est 2135 qu'il faut suivre. Nous ajouterons qu'il est facile de reconnaître que les art. 2194 et 2195 ont été copiés textuellement dans l'ordonnance de 1771, et que, par inadvertance, on a omis de remplacer ces mots : *le jour du contrat de mariage*, par ceux-ci : *le jour du mariage*. La preuve c'est que, même en admettant le système de M. Troplong, ces articles seraient inexacts ; car il n'est plus vrai aujourd'hui que

(1) Nîmes, 26 fév. 1834 (34, 2, 89) ; cassation, 22 novembre 1836 (*Journal du Palais*, 1837, I, p. 5).

l'hypothèque de la femme ait une date unique, pas plus celle du contrat de mariage que celle du mariage.

Le texte de l'article 1404-2° ne prouve rien : le principe est dans l'article 1404-1°, qui ne fait commencer la communauté que du jour du mariage. Si l'article 1404-2° apporte une dérogation au droit commun, c'est parce qu'il s'agit d'empêcher une fraude qui porterait atteinte à de légitimes espérances.

Le texte de l'article 2135 est évidemment préférable, puisqu'il est le siége de la matière et qu'on ne peut dire en présence de ces termes, pour raison de *leur dot* et *conventions matrimoniales*, que le législateur n'a pas prévu le cas où un contrat de mariage aurait été rédigé.

Enfin, au conseil d'État, pour faire adopter l'hypothèque occulte de la femme, on faisait toujours valoir la publicité du mariage. Comment, après cela, peut-on croire qu'il ait été dans la pensée du législateur de faire remonter l'hypothèque au jour du contrat de mariage?

La femme n'a d'hypothèque pour la dot qu'elle s'est constituée en biens à venir, que du jour où l'acquisition de ces biens s'est réalisée, c'est-à-dire du jour de l'ouverture des successions auxquelles elle est appelée, ou du jour où les donations qui lui sont faites ont leur effet. Le législateur a pensé que c'est à partir de ce moment que l'hypothèque de la femme doit grever les biens du mari, parce que c'est alors seulement que l'obligation personnelle du mari devient parfaite. Du moment que le droit de la femme a pris naissance, il est garanti par l'hypothèque, sans qu'il y ait à s'inquiéter de celui où le mari aura été payé.

Quelques doutes cependant se sont élevés à l'occasion de cette expression de l'article 2135 : *Du jour que les donations auront leur effet.* Quelques jurisconsultes ont pensé que le Code entendait parler du jour où le mari aura touché les sommes ou sera entré en possession des immeubles. Mais cette interprétation, qui constituerait une exception aux principes adoptés dans tous les autres cas, est parfaitement réfutée par M. Tarrible (1). Il démontre clairement que cette exception n'a aucune raison d'être; que tout ce qu'on a voulu dire, c'est que l'hypothèque ne prendrait rang que du jour où l'acceptation serait venue se joindre à la pollicitation.

L'hypothèque de la femme pour le remploi de ses propres aliénés ne prend rang que du jour de la vente. C'est encore une dérogation à l'ancienne jurisprudence, sous l'empire de laquelle l'hypothèque de la femme pour le remploi des propres aliénés datait du mariage. Déjà M. de Lamoignon blâmait cette jurisprudence, qui créait au profit de la femme, une hypothèque, avant que l'obligation personnelle du mari, qu'elle est destinée à garantir, n'eût pris naissance.

Nous avons déjà dit que par *propres* il faut entendre non-seulement les propres de communauté mais les biens paraphernaux.

Quel serait le rang de l'hypothèque si le mari avait reçu par contrat de mariage le droit d'aliéner un propre de sa femme; daterait-elle du jour du mariage ou du jour de l'aliénation? L'hypothèque ne daterait selon nous que du jour de l'aliénation. En effet, l'obligation qu'elle est destinée à garantir n'est point née du contrat mais seulement de l'aliénation. Le seul effet du contrat

(1) Merlin, Répertoire, v° *Inscript.*, p. 204.

a été de donner mandat au mari d'aliéner un propre de sa femme. C'est en vertu du même motif que nous avons décidé que la femme n'aurait d'hypothèque qu'à compter du jour de l'aliénation, pour le remboursement du prix de l'immeuble dotal stipulé aliénable sans charge de remploi.

Enfin l'art. 2135 donne hypothèque à la femme du jour de l'obligation pour l'indemnité des dettes qu'elle a contractées avec son mari. L'ancienne jurisprudence faisait remonter l'hypothèque de la femme au jour du contrat de mariage, au mépris des plus légitimes espérances des créanciers.

Le Code Napoléon est bien loin d'avoir prévu, dans l'art. 2135, tous les cas dans lesquels il y a lieu à l'hypothèque légale de la femme et d'avoir déterminé le rang de chacun d'eux, mais l'esprit de la loi est assez évident pour qu'il nous soit permis de poser un principe général ; dans tous les cas, l'hypothèque de la femme prendra rang du jour où l'obligation qu'elle est destinée à garantir aura pris naissance. En conséquence nous déciderons que l'hypothèque pour la dégradation des biens dotaux prendra rang du jour du mariage, parce que c'est de ce jour que date pour le mari l'obligation de bien administrer.

Toutes les fois, au contraire, qu'il s'agira de biens en dehors de la dot, la femme n'aura d'hypothèque que du jour où une créance personnelle sera née contre son mari, soit que cette créance résulte d'un prêt, soit qu'elle résulte d'un dommage causé à la femme par la négligence ou les fautes du mari.

Les créances de la femme contre son mari, peuvent produire des intérêts ; faudra-t-il considérer la dette d'intérêts comme une créance spéciale et lui appliquer le principe que la femme n'a d'hypothèque que du jour de la naissance de l'obligation personnelle du mari, ou faudra-t-il dire que la dette d'intérêts n'est qu'une dette accessoire qui doit être colloquée au même rang que la dette principale? Quelques jurisconsultes ne veulent donner rang à l'hypothèque de la femme pour les intérêts, qu'à partir du jour où ils sont échus. La Cour de cassation a décidé au contraire le 29 août 1838 (J. P. 1838, 2, 242), à l'égard des intérêts de la dot, qu'ils devaient être colloqués au jour du mariage. Nous adopterons l'opinion de la Cour de cassation, mais avec un tempérament. Nous colloquerons la dette d'intérêts au rang de la dette principale, mais seulement dans les limites de l'art. 2151, c'est-à-dire pour deux années et l'année courante; le législateur redoute l'accumulation des intérêts, il ne veut pas qu'elle prive les créanciers postérieurs du payement de leurs capitaux; il n'y a aucune raison de soustraire la femme à l'application de cette règle. Les créanciers ordinaires peuvent conserver une hypothèque pour les intérêts de plus de deux années, il leur suffit de prendre des inscriptions successives, et ils seront colloqués à la date de ces inscriptions; la femme sera réputée avoir pris ces inscriptions, et elle sera colloquée pour tout ce qui excédera les limites de l'art. 2151, à la date de l'échéance successive des intérêts.

Une dernière question est celle de savoir si l'on peut déroger, par convention spéciale, à l'art. 2135? MM. Delvincourt (1) et Dalloz (2) soutiennent l'affirmative; il est permis suivant eux de stipuler que la femme aura hypothèque du jour du mariage pour tous les recours qu'elle

(1) T. III, n° 7, p. 165. — (2) Hypoth., p. 123, note.

aura à exercer contre son mari. C'est, disent-ils, à celui qui traite avec un homme marié, à se faire représenter le contrat de mariage, et si cette clause est gênante pour le mari dans ses transactions, il ne pourra imputer qu'à lui la faute de l'avoir consentie. MM. Grenier (1) et Troplong (2) repoussent avec raison cette doctrine. L'art. 2135 est une disposition d'ordre public, elle est écrite pour faire disparaître, comme le disait le tribunat, une source de fraudes, et pour remédier à un usage odieux.

CHAPITRE V.

DE LA RESTRICTION DE L'HYPOTHÈQUE LÉGALE EN FAVEUR DU MARI.

Le législateur n'a pas cru devoir refuser à la femme une hypothèque générale, quelque fatale qu'elle fût pour le crédit du mari. Mais il ne fait pas de la conservation de la dot un principe d'ordre public, et il permet à la femme d'atténuer, soit par contrat de mariage, soit pendant le mariage, les effets rigoureux de la généralité de l'hypothèque. Un parti considérable, dont M. Treilhard était le chef, allait plus loin et voulait que la femme pût renoncer, au moins par contrat de mariage, d'une manière absolue à son hypothèque en faveur de son mari. Mais cette opinion fut vivement combattue par le premier consul, par Cambacérès, par MM. Malleville, Bigot Préameneu et Tronchet (3) ; il fut décidé que la femme ne pourrait même par contrat de mariage renoncer pour le tout à son hypothèque, mais qu'elle pourrait la restreindre.

La restriction de l'hypothèque légale de la femme peut

(1) T. II, n° 242. — (2) N° 588 bis.
(3) Fenet, t. XV, p. 367 et suiv.

avoir lieu par contrat de mariage ou pendant le mariage; dans ce dernier cas elle est plus spécialement appelée réduction.

SECTION PREMIÈRE.

DE LA RESTRICTION DE L'HYPOTHÈQUE PAR CONTRAT DE MARIAGE.

Les époux peuvent convenir dans leur contrat de mariage qu'il ne sera pris d'inscription que sur un ou certains immeubles du mari et convertir ainsi l'hypothèque générale en hypothèque spéciale. Le législateur y met une condition c'est que les époux soient majeurs. Cette condition a été l'objet des critiques de tous les auteurs; elle est inexplicable, a-t-on dit, à l'égard du mari, et même à l'égard de la femme elle est bien rigoureuse; car la femme mineure a une capacité absolue pour régler ses conventions matrimoniales, pourvu qu'elle soit assistée des personnes qui autorisent le mariage. Peut-être cependant peut-on répondre que les rédacteurs du Code, de même que les rédacteurs de la loi *Julia*, ont pensé qu'il y avait un grave danger pour la femme mineure à lui permettre de consentir la restriction de son hypothèque, qu'elle n'en éprouverait aucune gêne immédiate et que dès lors elle n'en apercevrait pas toutes les conséquences; qu'il n'y avait plus le même danger à lui permettre de faire des concessions par contrat de mariage. A l'égard du mari on peut dire que la restriction par contrat de mariage peut être fâcheuse, car elle le prive du droit de demander la réduction de l'hypothèque de la femme pendant le mariage.

Quelque rigoureuse que puisse être cette condition, la jurisprudence n'hésite pas à la maintenir. (Cassat. 19 juil. 1820. Déc. 20. 1, 356.)

L'art. 2140 ne permet pas à la femme de renoncer d'une manière absolue à son hypothèque, mais du reste il n'assigne aucune limite à la réduction, et cette omission est d'autant plus remarquable que l'art. 2144 décide autrement quand il s'agit de la réduction pendant le mariage. Nous ne pensons donc pas que la femme puisse plus tard faire annuler sa renonciation du moins au préjudice des tiers, en se prévalant de ce que le peu de valeur des immeubles restés grevés de l'hypothèque rendrait ses garanties illusoires. Mais nous appliquerons l'art. 2131 et nous permettrons à la femme de s'adresser aux tribunaux pour obtenir un supplément d'hypothèque, seulement nous reconnaîtrons avec tous les auteurs (1) que cette nouvelle hypothèque ne prendra rang vis-à-vis des tiers que du jour de l'inscription, car jusque-là les tiers doivent penser qu'ils traitent en toute sécurité puisqu'ils traitent dans les termes du contrat de mariage.

Une question fort délicate est celle de savoir si les futurs époux peuvent dans le contrat de mariage, en restreignant l'hypothèque légale de la future épouse à certains immeubles du mari spécialement désignés, stipuler que cette hypothèque pourra être transportée avec le consentement de la femme sur d'autres immeubles du mari, moyennant quoi les immeubles présentement affectés à l'hypothèque en demeureront affranchis.

La question ne s'est présentée qu'une fois à notre connaissance et elle a été décidée dans le sens de la validité de la clause, par la cour de Grenoble, dans un arrêt remarquable du 12 mars 1849 (D. 49. 2. 385); l'arrêt fut cassé le 5 mai 1852 (D. 52. 1. 289), contrairement aux

(1) Grenier, Hypoth., t. I, n° 268; Duranton, t. II, n° 59; Delvincourt, t. III, p. 537, édit. de 1819.

conclusions de M. Nicias-Gaillard, la cause fut renvoyée devant la cour de Lyon et jugée dans le sens de la non-validité, le 26 janv. 1854 (D. 54. 2. 245). L'arrêt de la Cour de cassation annulait la clause : « Attendu que les » dispositions de l'art. 2140 sont prohibitives de telles » conventions, par l'effet desquelles la femme, pendant » le mariage, alors qu'elle est sous la puissance de son » mari, pourrait, hors de la surveillance de sa famille et » de la justice, compromettre sa dot et ses droits les plus » importants et les plus précieux. » M. Troplong (t. 2, n° 457) n'est pas touché de ce motif, il remarque avec beaucoup de raison, selon nous, qu'en faisant appel au concours de la justice et de la famille, la Cour a confondu deux situations distinctes, celle que prévoit l'art. 2144, et celle qui est régie par l'art. 2140. Dans le premier cas, le concours de la famille et de la justice a paru nécessaire, parce qu'il s'agit de restreindre au cours du mariage, une hypothèque à laquelle le contrat avait laissé son caractère de généralité. Mais lorsque la restriction est opérée par le contrat de mariage, les mêmes précautions ne sont plus nécessaires, il ne s'agit plus que de substituer, en vertu des stipulations du contrat, aux immeubles primitivement désignés, d'autres immeubles qui primitivement se trouvaient virtuellement affranchis. — Toute la question est de savoir si les époux ont pu se réserver par leur contrat, la faculté de faire une telle substitution, si, en d'autres termes, elle n'est pas contraire aux dispositions prohibitives du Code. — Nous ne voyons aucun texte qui prohibe implicitement ou explicitement cette clause, et du moment que les époux peuvent stipuler la réduction pure et simple, nous ne voyons pas pourquoi ils ne pourraient pas la stipuler conditionnelle, c'est-à-dire, avec la faculté de reporter l'hypothèque sur d'autres immeubles que sur ceux primitivement désignés. Nous objectera-t-on l'intérêt des tiers? Mais les tiers peuvent toujours consulter le contrat de mariage, qui les avertira du danger qu'il peut y avoir à contracter avec le mari; c'est à eux à agir en conséquence, et les tiers ne peuvent pas même exiger que la femme prenne inscription sur les immeubles substitués. Enfin dira-t-on que cette clause, au lieu d'augmenter le crédit du mari, aura pour résultat de lui interdire toute espèce d'emprunt sur les biens mêmes qu'il avait prétendu affranchir de l'hypothèque de la femme? Nous répondrons que c'est un inconvénient qui ne regarde que lui seul et dont les tiers n'ont point à se prévaloir.

Nous croyons donc avec la Cour de Grenoble, avec M. Troplong et M. Devilleneuve (D. 52. 1. 289), que cette clause est valable.

Remarquons, en terminant, 1° que l'art. 2140 s'applique à toute femme mariée, sans distinction de régime; 2° que cette renonciation partielle, étant une convention matrimoniale, ne peut avoir lieu dans un autre acte que le contrat de mariage.

SECTION II.

DE LA RESTRICTION DE L'HYPOTHÈQUE LÉGALE PENDANT LE MARIAGE.

La femme peut consentir à la réduction de son hypothèque pendant le mariage (2144) lorsque cette hypothèque n'a pas été restreinte par contrat de mariage, seulement le législateur redoute l'influence de l'autorité maritale, et il prend des précautions pour que cette réduction ne soit pas préjudiciable à la femme. Il exige outre le consentement de la femme, l'avis d'un conseil de famille composé de ses quatre plus proches parents, et la réduction ne sera valable qu'autant que l'homologation du tribunal aura été poursuivie et obtenue contradictoirement avec le procureur impérial (2145).

Si le mari offre des garanties suffisantes et que la femme refuse de consentir à la réduction de son hypothèque, le mari peut-il l'y contraindre et obtenir du tribunal une réduction?

La cour de Paris, par arrêt du 16 juillet 1813, et la cour de Nancy, par arrêt du 25 août 1825 (1), se sont prononcées pour l'affirmative. On invoque dans cette opinion l'art. 2161 écrit spécialement pour donner au débiteur un moyen de faire réduire les hypothèques générales sans le consentement du créancier. Cet article, écrit pour les hypothèques légales et judiciaires, ne trouve-t-il pas naturellement son application dans le cas de l'hypothèque légale de la femme? 2144 exige, il est vrai, le consentement de la femme, mais il ne régit point la même hypothèse que 2161. 2144 indique la voie à suivre pour arriver à une réduction de l'hypothèque à l'amiable, 2161 donne au mari les moyens de vaincre la résistance sans fondement que la femme pourrait lui opposer. Dans le cas de 2144, le tribunal prononcera la réduction s'il le juge à propos, si l'intérêt commun l'exige; son intervention se bornera à une mission de surveillance. Dans le cas de 2161, le tribunal devra s'astreindre aux règles rigoureuses des art. 2162 et 2165.

On tire argument dans cette opinion de l'art. 2143, qui n'exige pas pour la restriction de l'hypothèque du mineur le consentement du subrogé tuteur.

(1) 26, 2, 149.

Enfin, on fait observer que le législateur n'a pas pu permettre à la femme de paralyser le crédit du mari alors qu'elle n'y a aucun intérêt et qu'elle agit par pur caprice, que sans même aller jusque-là, la nécessité absolue du consentement de la femme pourrait avoir les plus graves inconvénients, car il est des cas tels que ceux de démence ou d'absence dans lesquels elle serait incapable de le donner.

Nous pensons au contraire avec M. Troplong (1) et la Cour de cassation, qu'il faut exiger dans tous les cas le consentement de la femme. Oui l'art. 2161 pose un principe général, il décide que les hypothèques générales, c'est-à-dire les hypothèques légales et judiciaires, pourront seules être réduites, et en ce sens il concerne l'hypothèque légale de la femme. Mais le législateur n'a point entendu qu'il n'y aurait d'autres conditions à exiger pour l'exercice de l'action en réduction de chacune des hypothèques générales, que les conditions énumérées dans l'art. 2161. Il se réfère certainement à ce qu'il a dit dans les art. 2144 et 2145. La preuve, c'est que les partisans de l'opinion que nous combattons exigent eux-mêmes dans tous les cas l'avis de la famille, et pourtant il faudrait dire dans leur système que l'art. 2144 n'est relatif qu'au cas de réduction amiable, qu'il ne faut exiger au cas de réduction judiciaire que les conditions de l'art. 2161, et que par conséquent l'avis de la famille n'est pas nécessaire.

Sans doute, il pourra arriver que la femme refuse son consentement par pur caprice, mais la loi n'a pas voulu élever ces conflits judiciaires si funestes à la paix conju-

(1) N° 641.

gale. Si les époux sont d'accord, très-bien; si la femme refuse, sacrifions plutôt le crédit du mari que la paix du ménage.

Il n'y a aucun argument à tirer de ce que l'article 2143 n'exige pas, pour la restriction de l'hypothèque du mineur, le consentement du subrogé tuteur. Il était à craindre que le subrogé tuteur, qui a un intérêt personnel à ce que la réduction de l'hypothèque ne soit pas accordée, ne refusât sans motifs son consentement.

Nous pourrions enfin invoquer en notre faveur des paroles du premier consul prononcées dans le cours de la discussion.

On admet généralement qu'il n'est pas nécessaire que l'avis du conseil de famille soit favorable. C'est un moyen d'éclairer le tribunal, ce n'est pas une décision qui l'oblige.

Le ministère public doit être entendu dans l'instance en réduction, mais est-il partie principale et intéressée et a-t-il qualité pour interjeter appel du jugement qui ordonne la réduction? La cour de Grenoble (1) et la cour de Rouen (2) ont décidé que le ministère public était sans qualité pour interjeter appel.

Nous adoptons l'opinion contraire. En effet, l'art. 2145 porte non-seulement que le ministère public doit être entendu, mais que le jugement doit être rendu contradictoirement avec lui. Or, ces derniers mots n'auraient aucun sens après les premiers s'ils ne signifiaient que non-seulement le ministère public doit donner ses conclusions, mais qu'il est le contradicteur naturel du mari. S'il n'en était ainsi, le mari, dans une action qui a pour objet de

(1) Grenoble, 18 janv. 1833 (Dev., 33, 2, 437).

(2) Rouen, 16 janv. et 8 déc. 1843 (Dev., 1844, 2, 76 et 477).

diminuer les sûretés accordées à la femme pour la conservation de sa dot, ne rencontrerait aucun contradicteur qui pût protéger la femme contre la légèreté ou la faiblesse qui l'auraient déterminée à consentir à la réduction de son hypothèque. C'est ce qui a été jugé par la Cour de cassation, le 3 décembre 1844 (Dev. 45, 1. 14).

La réduction de l'hypothèque opérée régulièrement et avec le consentement exprès de la femme, est définitive et inattaquable par celle-ci, quand même elle serait mariée sous le régime dotal. En vain, la garantie de sa dot deviendrait insuffisante par suite d'un événement ultérieur (par exemple par suite de l'éviction de l'un des immeubles auxquels l'hypothèque a été restreinte), elle n'aurait aucun recours contre les tiers détenteurs des immeubles affranchis de l'hypothèque; elle pourrait seulement obtenir un supplément d'hypothèque en respectant les droits des tiers.

Une dernière observation fort importante nous servira de transition de ce chapitre au chapitre suivant.

Les formalités et conditions de l'art. 2144 ne sont exigées qu'au cas où la restriction de l'hypothèque a lieu au profit du mari. Aucune d'elles n'est exigée au cas où la restriction a lieu au profit d'un tiers; c'est ce qui résulte clairement de la discussion au conseil d'État. On comprend, dès lors, toute l'importance qu'il y a à déterminer quand la restriction de l'hypothèque a lieu en faveur du mari, et quand elle a lieu en faveur d'un tiers. Sans doute on pourrait dire que dans tous les cas la restriction de l'hypothèque de la femme aura pour effet d'augmenter le crédit du mari, et que, dans tous les cas, elle a lieu en sa faveur. Mais ce n'est pas ainsi qu'il faut envisager la question. La restriction aura lieu en faveur d'un tiers toutes les fois qu'elle aura pour résultat de faciliter telle ou telle opération avec un tiers déterminé ; elle aura lieu en faveur du mari, lorsque la femme se dépouillera d'une manière définitive de son hypothèque dans le seul but de donner au mari la facilité de faire ce qu'il voudra de l'immeuble devenu libre entre ses mains, lui seul est avantagé dans un acte où nul autre que lui ne figure.

Nous ne dirons point avec M. Troplong que la renonciation de la femme a lieu en faveur des tiers toutes les fois qu'elle est *translative* de l'hypothèque, et qu'elle a lieu en faveur du mari toutes les fois qu'elle est *extinctive*, mais nous dirons que la renonciation de la femme a lieu au profit d'un tiers toutes les fois qu'elle n'est *pas extinctive* de l'hypothèque *à l'égard du mari*, encore qu'elle ne soit pas *translative à l'égard d'un tiers*. C'est ainsi qu'il y a renonciation au profit d'un tiers au cas où la femme déclare renoncer à se prévaloir de son hypothèque à son égard, et pourtant, dans cette hypothèse, la renonciation de la femme n'a rien de translatif de l'hypothèque.

CHAPITRE VI.

DE LA RESTRICTION DE L'HYPOTHÈQUE LÉGALE DE LA FEMME EN FAVEUR DES TIERS.

Nous abordons ici la partie la plus difficile de notre matière ; nous aurons à étudier les conventions qui interviennent entre la femme et les tiers, et que l'on désigne sous le nom de *cessions*, de *subrogations*, de *renonciations*.

Le législateur qui, nous l'avons vu, a prescrit des précautions si sages, pour la conservation des droits des femmes, lorsqu'il s'agit de conventions intervenues directement entre le mari et la femme, a laissé pleine liberté aux époux pour faire indirectement bien plus qu'il ne leur permettait de faire directement. La femme, qui ne peut qu'avec des formalités gênantes, dégrever les biens de son mari quand elle traite directement avec lui, peut venir à son secours d'une façon bien plus efficace, mais aussi bien plus dangereuse pour elle en se dépouillant au profit des créanciers du mari des garanties que la loi lui donne.

Pourquoi le concours de tant de précautions scrupuleuses dans un cas, et l'absence de toute protection dans l'autre ? Nous ne pouvons nous l'expliquer qu'en remarquant que le législateur n'a pas eu un système uniforme sur la capacité de la femme mariée. Tantôt il la regarde comme pleinement capable de contracter et n'exige que l'autorisation du mari, et cela par respect pour l'autorité maritale ; tantôt, au contraire, il semble la considérer comme dominée par l'influence du mari, comme ayant besoin d'une protection contre cette autorité même : c'est sous l'empire de ces deux idées, tour à tour prédominantes dans l'esprit du législateur, que toutes les dispositions de la loi ont été écrites ; il a pensé qu'il ne devait intervenir, bien que dans tous les cas la restriction de l'hypothèque eût pour résultat d'augmenter le crédit du mari, que s'il s'agissait d'un traité conclu entre les époux ; que la femme devait être libre de disposer en faveur d'un tiers de son hypothèque comme de tout autre bien ; que le mari serait moins pressant, puisque l'acte de la femme n'aurait pas pour résultat de dégrever l'immeuble ; que prescrire des conditions analogues à celles de l'art. 2144 serait rétablir, en quelque sorte, le sénatus-consulte Velléien.

Si nous pouvons nous expliquer, dans une certaine mesure, que le législateur n'ait pas entouré des mêmes précautions la restriction intervenue au profit d'un tiers que celle intervenue au profit du mari, nous ne pouvons comprendre qu'il ait laissé à la seule interprétation des jurisconsultes la valeur et la portée des conventions dont l'hypothèque de la femme peut être l'objet. C'est là une lacune immense qui, depuis cinquante ans, a donné lieu aux questions les plus graves et sur lesquelles la doctrine et la jurisprudence sont loin encore d'être fixées. L'article 9 de la loi du 23 mars 1855, est le premier texte de loi qui ait trait aux *cessions et renonciations* de la femme à son hypothèque ; mais cet article est d'un laconisme tel, qu'il n'a eu d'autre résultat, comme tous les articles du reste de cette même loi, que de soulever d'inextricables difficultés aujourd'hui pendantes devant les tribunaux.

SECTION PREMIÈRE.

DE LA CAPACITÉ NÉCESSAIRE A LA FEMME POUR CONSENTIR A LA RESTRICTION DE SON HYPOTHÈQUE EN FAVEUR D'UN TIERS.

La femme mariée, sous le régime de la communauté, peut, avec l'autorisation de son mari, céder son hypothèque, ou y renoncer au profit d'un tiers. On a voulu d'abord lui contester ce droit ; mais, puisqu'elle est capable de contracter toute espèce d'obligations et même d'aliéner ses immeubles, pourquoi y aurait-il une exception spéciale à l'hypothèque ? Au conseil d'État, dans la discussion sur l'article 2140, on a positivement reconnu ce droit à la femme commune ; mais doit-il en être de même de la femme mariée sous le régime dotal ? Nous lui accorderons la même faculté, pourvu qu'elle conserve une garantie suffisante pour assurer la restitution de sa dot immobilière. Mais les auteurs, qui admettent avec la jurisprudence l'inaliénabilité de la dot mobilière, doivent aller plus loin et décider que la femme mariée, sous le régime dotal, ne peut aliéner son hypothèque.

Les actes par lesquels la femme consent à la restriction de son hypothèque légale, se divisent en deux catégories principales : en *cessions* et en *renonciations*. Nous étudierons d'abord les premiers.

SECTION II.

DES CESSIONS DE L'HYPOTHÈQUE DE LA FEMME.

La femme peut céder ou sa créance hypothécaire, ou son rang d'antériorité, ou enfin son hypothèque, ce qu'on appelle plus généralement subrogation à l'hypothèque de la femme.

§ 1. De la cession par la femme de sa créance hypothécaire.

Sous l'empire du Code Napoléon, *la cession de la créance* hypothécaire de la femme, n'était soumise à aucune formalité spéciale. Elle était régie par l'art. 1690 ; valable entre les parties *solo consensu*, c'est-à-dire, dès qu'elles étaient convenues du droit cédé et du prix, elle n'était opposable aux tiers qu'autant que la signification en avait été faite au débiteur cédé (au mari dans l'espèce), soit à la requête du cédant (la femme), soit à la requête du cessionnaire, ou qu'il y avait eu une acceptation authentique de la cession par le cédé (le mari).

Nous n'entrerons point dans de longs détails sur les effets de la cession d'une créance hypothécaire de la femme. Nous dirons seulement que le cessionnaire exercera l'hypothèque de la femme au rang où elle l'eût exercée sans pouvoir prétendre que la femme ne doit pas exercer à son préjudice une autre créance pour laquelle elle a un rang préférable. Si donc elle a cédé la créance qu'elle a contre son mari, pour les sommes qui lui sont échues par succession ou donation, rien ne l'empêchera d'exercer avant le cessionnaire sa créance dotale, à moins qu'elle n'ait garanti la solvabilité de son mari. La femme avait deux créances, elle a cédé la moins bonne.

§ 2. De la cession du rang hypothécaire de la femme.

La cession du rang hypothécaire de la femme, n'était assujettie sous l'empire du Code à aucune condition de forme ni de publicité. Elle pouvait avoir lieu, par acte sous seing privé, et au cas de plusieurs cessions successives, le premier rang appartenait au cessionnaire le plus ancien.

La cession de l'antériorité a ce caractère remarquable, qu'elle ne peut avoir lieu qu'au profit d'une personne déjà créancière du même débiteur et déjà pourvue d'une hypothèque. De sorte que si le cessionnaire perd son hypothèque par un défaut de renouvellement d'inscription, il n'est plus en état de bénéficier de la cession (1).

§ 3. De la subrogation à l'hypothèque de la femme.

Si la femme tout en conservant sa créance, cède son hypothèque à une personne qui a une créance contre

(1) *Sic* Paris, 24 août 1853 (Dev., 53, 2, 545).

son mari, mais qui n'a pas encore d'hypothèque, il y a ce qu'on appelle dans la pratique, assez improprement du reste, car la confusion des mots fait naître la confusion des idées, *subrogation* à l'hypothèque de la femme.

Une première question : Est celle de savoir si cette subrogation ou cession de l'hypothèque sans la créance est valable?

L'affirmative est presque universellement admise. Cependant la négative a ses partisans. MM. Aubry et Rau (1), Mourlon (2) et Benech (3) refusent à la femme le droit de céder son hypothèque sans la créance, pour deux raisons principales.

La première est que la cession de l'hypothèque ainsi comprise, n'est que la sous-hypothèque de l'ancien droit et qu'il n'est pas douteux que le Code n'ait voulu l'abroger. La seconde est que l'hypothèque n'est qu'un accessoire et qu'il n'appartient pas à la volonté des parties de lui donner une existence propre indépendante de la créance qu'elle a pour but de garantir. C'est en s'appuyant sur cette dernière considération, que M. de Vatismenil (4) et M. Bethmont repoussaient en 1851, devant l'assemblée législative, ce genre de cession qu'ils déclaraient *contraire aux principes et sujette à de graves inconvénients.*

A la première objection, nous répondrons que la cession de l'hypothèque diffère essentiellement de la sous-hypothèque. Celle-ci naissait de tout fait donnant naissance à une hypothèque, dès lors le montant de la

(1) Note sur Zachariæ, t. II, p. 215, note 4.
(2) Subrogations, p. 578.
(3) Du nantissement, n° XVIII et suiv.
(4) Impressions de l'assemblée législative, n° 915, p. 28.

créance conservée par une hypothèque, devait être distribué suivant l'ordre de leurs créances, à tous les créanciers hypothécaires du premier créancier. C'était le sous-ordre avec ses complications infinies; le Code de procédure l'a formellement aboli (778). Mais ici il n'y a rien de semblable; la cession de l'hypothèque sans la créance est nécessairement conventionnelle. L'hypothèque de l'hypothèque pouvait avoir lieu au profit de tout créancier de la femme, la cession de l'hypothèque ne peut avoir lieu qu'au profit d'un créancier du mari. Enfin la cession de l'hypothèque n'est pas, sous l'empire du Code, assujettie à une publicité spéciale, tandis que la validité des hypothèques est en principe subordonnée à l'existence d'une inscription. — Cette triple différence suffit pour démontrer que la cession de l'hypothèque n'est point la reproduction sous un nom différent de la sous-hypothèque.

On dit en second lieu que l'hypothèque est l'accessoire d'une créance, et que la cession de l'accessoire sans le principal est contraire aux principes. A cela nous répondrons que sans doute un droit accessoire ne saurait exister sans un objet principal, et avoir une destinée indépendante, mais qu'il n'y a rien d'illogique à le faire passer d'une obligation principale à une autre obligation principale. C'est si vrai qu'au cas de novation par changement de dette, il est parfaitement permis de réserver, par convention spéciale, les priviléges et hypothèques de l'ancienne créance.

Enfin dira-t-on que la cession de l'hypothèque *engendre des inconvénients*, que celui qui a une hypothèque sur plusieurs immeubles, pourra, tout en conservant sa garantie sur un des immeubles d'une valeur suffisante, trafiquer de son droit réel sur les autres immeubles au détriment du débiteur et des tiers? Nous répondrons que la convention intervenue entre le cessionnaire et le cédant n'altère en rien la constitution primitive de l'hypothèque; que l'hypothèque reçoit au moment de sa constitution, une mesure, des limites que le créancier n'a pas le droit d'élargir ni d'étendre; qu'établie pour sûreté d'une somme déterminée, elle ne pourra jamais garantir le payement d'une somme plus considérable; que si la créance en vue de laquelle elle a été constituée s'éteint, l'hypothèque s'éteindra avec elle, en un mot que, ce qui est cédé c'est bien moins l'hypothèque, le droit réel immobilier, que l'exercice du droit conféré par l'hypothèque. La cession de l'hypothèque et la cession du droit d'usufruit ont la plus grande analogie. De même qu'on ne cède que l'exercice du droit d'usufruit, que le droit même demeure sur la tête du cédant, de même on ne cède que l'exercice du droit hypothécaire, le droit même reste attaché à la créance du cédant.

Quels qu'aient pu être les doutes sur la validité de la cession de l'hypothèque sous l'empire du Code, ils doivent nécessairement disparaître en présence de l'art. 9 de la loi du 23 mars 1855. Car c'est précisément les cessions de l'hypothèque légale connues sous le nom de subrogations, si fréquentes dans la pratique, que le législateur a eues en vue dans l'art. 9.

Sous l'empire du Code Napoléon, la jurisprudence décidait avec grande raison, selon nous, que la cession de l'hypothèque de la femme n'était soumise à aucune formalité, qu'elle pouvait être réalisée même par un acte sous seing privé, qu'on ne pouvait lui appliquer les formalités de la constitution du gage, car on ne peut donner en gage que des meubles, et l'hypothèque cédée est un droit réel immobilier ; qu'elle n'était pas soumise non plus aux règles de la cession des droits personnels, puisqu'il s'agissait d'un droit réel. Un arrêt de cassation du 16 février 1841 (1) avait décidé que le cessionnaire de l'hypothèque n'était pas tenu de prendre une inscription en son nom personnel, qu'il était le représentant de la femme, et qu'il devait jouir des mêmes droits qu'elle.

Nous aurons à voir les modifications que la loi du 23 mars 1855 a apportées à ce système, et nous aurons à constater que, même sous l'empire du Code, l'inscription était pour le cessionnaire une mesure toujours utile et souvent nécessaire.

I. *Effets de la subrogation à l'égard de la femme.* — La subrogation donne au créancier subrogé le droit d'être préféré à la femme dans les limites de sa créance ; il viendra dans la collocation ouverte sur les immeubles du mari, au rang que la femme eût occupé, et celle-ci sera réduite à la condition de simple créancier chirographaire.

Les effets de la cession de l'hypothèque appelée subrogation diffèrent essentiellement des effets de la cession d'une créance hypothécaire. Le cessionnaire de la moitié d'une créance hypothécaire ne prime pas le cédant ; les droits du cédant et du cessionnaire sont égaux ; tous deux viennent en concours sur le montant de la collocation.

Le cessionnaire de l'hypothèque, au contraire, primera le cédant (la femme dans l'espèce), encore que sa créance soit moins considérable que celle de la femme, qu'elle n'en représente qu'une partie. Ce que la femme a cédé, c'est son droit de préférence dans la limite de la

(1) *J. du P.*, 1844, I, 754.

créance du subrogé, et, tant qu'il ne l'a pas touchée, elle ne peut prétendre concourir avec lui.

La subrogation n'a d'effet qu'entre la femme et le subrogé ; elle n'a lieu que dans l'intérêt de ce dernier, d'où nous conclurons que si le subrogé est payé sans être obligé de l'exercer, la femme aura conservé son droit tout entier à l'égard des autres créanciers hypothécaires.

II. *Effets de la subrogation à l'égard des subrogés postérieurs.* — La femme ayant cédé à un tiers, par l'effet d'une première subrogation, le droit de se présenter à l'ordre avant elle, nous déciderons, en vertu du principe, que nul ne peut céder à autrui plus de droits qu'il n'en a, que la femme ne pourra nuire au premier subrogé par une subrogation postérieure ; en un mot, que la préférence entre les divers subrogés se réglera par la date des subrogations, pourvu qu'elle soit certaine (1328) (*sic* Grenier, t. 1, p. 547 ; Troplong, n° 608 ; arrêt de cassation, 2 avril 1829).

Quelques arrêts cependant ont décidé que les cessionnaires ne pouvaient invoquer entre eux aucun droit de préférence, parce que tous avaient reçu leur droit de la femme (Paris, 8 décembre 1819 ; 31 août 1853). L'erreur vient, selon nous, de ce qu'on applique à tort, avec le nom, les principes de la subrogation à la simple cession d'hypothèques.

Dans la subrogation proprement dite, il y a payement à l'égard du créancier ; il n'y a cession qu'à l'égard du débiteur, et dans le but seulement d'assurer le recours de celui qui désintéresse le créancier. Reçoit-il le payement de la moitié de sa créance ; le créancier n'entend point, en consentant la subrogation, abdiquer ses droits pour le reste. Bien plus, un article formel décide que le subrogé ne pourra prétendre concourir avec le subrogeant. En conséquence, non-seulement le second subrogé reçoit les mêmes droits que le premier, mais il en reçoit de supérieurs; car, en vertu de l'article 1252, il faut décider que les subrogés viennent dans un ordre inverse de leurs subrogations.

Dans la cession d'hypothèque, improprement appelée subrogation, il n'y a rien de semblable. La femme ne reçoit point son payement; elle conserve sa créance entière. En outre, tandis que, dans la subrogation proprement dite, le créancier ne se dépouille de rien, conserve au contraire le droit d'être payé, même avant le subrogé, la femme se dépouille, en faveur du cessionnaire, de son droit de préférence. Or, si la femme ne peut pas venir exercer son droit de préférence au détriment de celui auquel elle l'a cédé, comment ses ayants cause pourraient-ils avoir plus de droits qu'elle?

III. *Effets de la subrogation à l'égard des tiers.*— L'inscription de la subrogation n'est pas nécessaire, au point de vue du droit de préférence. Les subrogés exercent leurs droits dans l'ordre même de leurs subrogations, sans qu'il soit besoin d'inscription. Mais l'inscription est une condition essentielle pour l'exercice des droits du subrogé à l'égard des tiers, qui ne sont en aucune manière les ayants cause de la femme; en un mot, pour l'exercice du droit de suite.

Si le subrogé n'a pas pris inscription, le tiers acquéreur ne sera point obligé de lui faire les notifications des art. 2194 et 2195, et si il a rempli les formalités de la purge vis-à-vis de la femme, les créanciers subrogés seront déchus de leur droit.

Nous déciderons de même que si le subrogé dont la subrogation n'est pas inscrite, a laissé accomplir les formalités des art. 2144 et 2145 sans intervenir au procès, il ne pourra intervenir contre le tiers acquéreur qui n'a pas purgé, ou contre les créanciers à qui le mari a constitué hypothèque. Du moment qu'un jugement rendu suivant les formes consacrées, a déclaré que l'immeuble était désormais affranchi de l'hypothèque de la femme, les tiers ont dû croire être à couvert de tout recours de la femme. En vain les créanciers subrogés voudraient argumenter de la cession que la femme leur a consentie et de l'impossibilité où elle était désormais d'abdiquer un droit qu'elle n'avait plus, les tiers acquéreurs et les créanciers hypothécaires répondraient qu'ils n'ont point acquis le droit de la femme, qu'ils ne sont nullement ses ayants cause, qu'ils ont acquis des droits réels sur un immeuble qu'un jugement avait affranchi de l'hypothèque de la femme.

SECTION III.

DE LA RENONCIATION DE LA FEMME A SON HYPOTHÈQUE.

La femme mariée peut renoncer à son hypothèque légale au profit d'un tiers avec la restriction toutefois que nous avons indiquée (page 138), s'il s'agit d'une femme mariée sous le régime dotal.

Une question très-difficile et très-controversée est celle de savoir quel sera l'effet de la renonciation de la femme à son hypothèque.

Les uns soutiennent que la renonciation *in favorem* produit tous les effets *translatifs d'une cession*, c'est-à-dire, qu'elle transporte le bénéfice de l'hypothèque à celui en faveur de qui elle est faite; les autres, qu'elle ne produit que des effets *extinctifs*, c'est-à-dire, que sans donner de droits nouveaux à personne, elle éteint ceux de la femme en ce sens qu'elle ne peut plus les opposer à ceux avec qui elle a traité.

La Jurisprudence (1), M. Grenier (2) et M. Troplong (3), voient dans la renonciation une véritable cession; M. Proudhon (4) et M. Mourlon (5) distinguent, au contraire, la renonciation de la cession. La première, disent-ils, est purement *privative* et nullement *translative*, elle dépouille le renonçant du droit qu'il abandonne sans investir le créancier au profit duquel elle est faite.

Il nous semble qu'il y a là une question de fait: tantôt la femme en renonçant aura entendu céder son hypothèque, tantôt elle n'aura entendu que renoncer à s'en prévaloir à l'égard de celui en faveur de qui elle a renoncé. Il faudra consulter les termes de la convention, les circonstances dans lesquelles elle est intervenue. Si malgré tout cela, il reste encore quelques doutes sur l'intention des parties, il faudra interpréter restrictivement la renonciation, et, par suite, décider que la femme a entendu simplement prendre l'engagement de ne point exercer son hypothèque en tant qu'elle nuirait à celui en faveur de qui elle a renoncé.

Les effets de la renonciation ainsi entendue sont bien différents de ceux d'une cession. En effet la femme pourra se prévaloir de son hypothèque toutes les fois, qu'alors même qu'elle ne s'en prévaudrait pas, celui au profit de qui elle a renoncé n'arriverait pas en rang utile; prenons

(1) Cass., 2 avril 1829. — (2) T. I, p. 550. — (3) T. II, n° 600 et suiv.
(4) Traité de l'Usufruit, t. V, n° 2339. — (5) Traité des Subrog., p. 599.

une espèce : un immeuble du mari est vendu 40,000 fr., la femme a une première hypothèque pour 20,000 fr., Secundus vient en second ordre pour 40,000 fr., Tertius vient en troisième ordre pour 20,000 fr., et la femme a renoncé à se prévaloir à son égard de son hypothèque ; comment allons nous distribuer les 40,000 fr. ? Nous colloquerons la femme pour 20,000 fr., Secundus pour 20,000 fr., Tertius n'aura rien, nonobstant la renonciation consentie par la femme en sa faveur, parce qu'alors même qu'elle ne se prévaudrait pas de son hypothèque, Tertius n'arriverait pas en rang utile, les 40,000 fr. seraient absorbés par Secundus.

Si, au contraire, Secundus n'était créancier que de 30,000 fr., la renonciation de la femme profiterait à Tertius dans la limite des 10,000 fr. qu'il eût recueillis si l'hypothèque de la femme ne l'eût pas primé.

Quant à Secundus il ne pourra en aucune façon prétendre que la renonciation de la femme est *extinctive* de son hypothèque et non *translative ;* à l'égard de tout autre que Tertius, sa renonciation est, *res inter alios acta*. La femme par le fait de sa renonciation au profit d'un créancier *hypothécaire* prend l'engagement que son hypothèque ne nuira pas au payement du créancier en faveur duquel elle renonce ; d'où nous devons conclure que le créancier hypothécaire a un droit acquis à toucher dans la limite de sa créance tout ce qui ne sera pas absorbé par les créanciers hypothécaires antérieurs autres que la femme ; en conséquence les renonciations successives ne pourront nuire au premier créancier et le rang de chacune d'elles sera déterminé par la date de la renonciation pourvu qu'elle soit certaine.

Nous déciderons *a fortiori* que la femme après une renonciation ne pourra pas valablement consentir la subrogation de son hypothèque.

La femme qui renonce à son hypothèque dans l'intérêt d'un créancier *chirographaire* de son mari, se trouve rangée dans ses rapports avec ce créancier dans la classe des créanciers chirographaires ; elle doit donc concourir avec lui et non l'exclure. Elle reste, au contraire, parmi les créanciers hypothécaires dans ses rapports avec ceux qui n'ont pas été parties dans la renonciation.

Si nous supposons que la femme ait renoncé successivement au profit de plusieurs créanciers chirographaires, aucun d'eux n'aura un droit de préférence sur les autres, car le premier au profit duquel la renonciation a été faite n'est toujours, dans ses rapports avec les autres, qu'un simple créancier chirographaire.

La renonciation de la femme au profit d'un tiers acquéreur d'un immeuble de son mari, aura pour effet, lorsqu'elle sera purement *extinctive*, d'obliger la femme à lui abandonner, au cas d'expropriation, tout le montant du prix qu'il conserverait si elle n'exerçait pas son hypothèque.

Nous présumerons facilement que les parties ont entendu donner à la renonciation les effets d'une cession, toutes les fois que le prix de l'immeuble sera absorbé en entier ou à peu près par des créanciers hypothécaires autres que la femme. Nous présumerons, au contraire, que les parties ont entendu donner un effet extinctif à la renonciation lorsque l'hypothèque de la femme grèvera seule l'immeuble; ce qu'a voulu alors l'acquéreur, c'est éviter les formalités de la purge.

SECTION IV.

DES SUBROGATIONS ET RENONCIATIONS TACITES.

Nous avons déterminé, dans les sections précédentes, les effets de la clause de subrogation ou de renonciation expresse à l'hypothèque de la femme ; il nous faut maintenant examiner certains actes de la femme qui entraînent, sans qu'elle ait fait aucune convention à cet égard, soit l'extinction, soit la translation de son hypothèque.

Ainsi nous déciderons, sans difficulté, que lorsque la femme garantit la vente d'un bien de son mari, elle renonce par là même au bénéfice de son hypothèque légale. Car il est impossible d'admettre que la femme ait pu avoir l'idée de conserver le droit d'évincer l'acheteur alors qu'elle lui a solennellement promis de le mettre à l'abri de toute éviction.

Mais si la femme, sans garantir la vente, a seulement figuré au contrat et donné sa signature, faudra-t-il décider de même ?

M. de Lamoignon (1) se prononçait en termes formels pour la négative ; Pothier disait « que les renonciations » tacites ne doivent être admises qu'autant que le con- » sentement du créancier ne peut guère paraître être » donné et requis à d'autres fins. » Or on peut dire que la présence de la femme peut n'avoir pour objet que d'attester la propriété du mari. C'est ainsi que l'art. 621 interprète l'intervention de l'usufruitier à la vente faite par le nu-propriétaire. Ce système a été consacré par l'art. 10 du décret du 7 avril 1853 sur le crédit foncier, qui déclare formellement que la présence de la femme au

(1) Titre XVI, De l'extinct. de l'hypoth.

contrat ne peut emporter ni subrogation ni extinction de son hypothèque.

Nous ne croyons pas cependant devoir admettre cette interprétation du moins comme principe général ; il faudra tenir compte des circonstances, mais à défaut de circonstances qui révèlent l'intention des parties, nous présumerons que la femme a entendu renoncer à son hypothèque.

Nous donnerons la même décision au cas où la femme aura concouru à l'acte de constitution d'hypothèque passé par le mari, encore qu'elle ne se soit point obligée avec lui.

Si la femme s'est obligée solidairement avec son mari, qui n'a consenti d'ailleurs aucune constitution d'hypothèque, doit-elle, par ce seul fait, être considérée comme subrogeant le créancier à son hypolhèque?

Il est bien certain que la simple obligation de la femme n'emporte, au profit de celui envers lequel elle s'est obligée, aucune affectation spéciale des droits hypothécaires qu'elle peut avoir à exercer sur les biens de son mari pour des causes diverses étrangères à l'obligation ; mais la femme qui s'oblige solidairement avec son mari, acquiert par là même une hypothèque prenant rang du jour de l'obligation, et nous pensons que le créancier de cette obligation a un droit spécial préférable à tout autre sur l'affectation hypothécaire qui garantit l'indemnité de la femme. Il pourra, selon nous, écarter tous les autres créanciers ou cessionnaires et leur dire : l'hypothèque dont vous venez réclamer le bénéfice est un bien qui n'existe dans le patrimoine de la femme que grâce à moi ; la preuve, c'est que si je renonce à ma créance, l'hypothèque de la femme va s'éteindre ; vous ne pouvez prétendre aux trois quarts, par exemple, d'une créance hypothécaire qui est tout entière à ma disposition.

D'autre part le mari pourra dire : je suis tenu hypothécairement pour l'*indemnité* de la dette payée par ma femme ; mais je ne consentirai à payer ma femme qu'autant qu'elle me rapportera la preuve du payement intégral du créancier, car celui-ci pourrait recourir contre moi, puisqu'il s'agit d'une dette solidaire. Nous n'hésitons donc pas à décider que l'obligation solidaire entraîne la subrogation de l'hypothèque légale de la femme.

Nous ne croyons pas, quoiqu'un arrêt de la Cour d'Aix du 1er février 1811 (14. 2. 98) soit intervenu en ce sens, qu'on puisse induire de ce que la femme a pris inscription sur un immeuble déterminé du mari, qu'elle a entendu renoncer à son hypothèque sur les immeubles sur lesquels elle ne s'est point inscrite.

SECTION V.

DES MODIFICATIONS APPORTÉES A LA MATIÈRE DES CESSIONS ET RENONCIATIONS PAR LA LOI DU 23 MARS 1855 ET SPÉCIALEMENT AU POINT DE VUE DE LA PUBLICITÉ.

Les cessions et renonciations à l'hypothèque de la femme doivent, aux termes de l'art. 9 de la loi du 23 mars 1855, être consenties par acte notarié. MM. Rivière et Huguet (1) soutiennent, en se fondant sur quelques paroles de M. Rouher dans son exposé des motifs, que l'authenticité n'est exigée que par application du principe que les inscriptions ne peuvent être effectuées que sur la présentation d'un acte authentique. — Cette interprétation

(1) Quest. sur la transcript., n. 390.

doit être rejetée. L'authenticité a été prescrite dans l'intérêt des femmes pour les protéger contre leur faiblesse et leur inexpérience ; la solennité de l'acte, les lenteurs qu'elle entraîne, les conseils de l'officier public seront autant de garanties contre les entraînements auxquels les femmes sont naturellement sujettes lorsque les spéculations de leur mari exigent quelque sacrifice (1). Nous en conclurons que les subrogations et renonciations, par acte sous seing privé, seront nulles tant à l'égard des parties contractantes, qu'à l'égard des tiers.

La condition d'authenticité est prescrite dans l'intérêt de la femme, une seconde condition est prescrite dans l'intérêt des tiers. Les cessionnaires ne sont saisis de l'hypothèque, à l'égard des tiers, que par l'inscription de cette hypothèque prise à leur profit ou par la mention de la cession en marge de l'inscription préexistante.

Une année à peine s'est écoulée depuis que la loi du 23 mars 1855 est en vigueur, et déjà des difficultés innombrables ont surgi de toutes parts à l'occasion de l'art. 9. Jamais loi ne mérita mieux l'observation si judicieuse de l'empereur Napoléon Ier : « Depuis que j'en» tends discuter le Code civil, je me suis souvent aperçu, » disait-il, que la trop grande simplicité dans les lois est » l'ennemie du droit. Il est en effet impossible de les ren» dre extrêmement simples sans livrer beaucoup de » choses à l'incertitude ou à l'arbitraire. »

Quoi qu'il en soit, nous essayerons dans les limites de nos forces, de discuter les questions principales qui divisent et la doctrine et la jurisprudence. Une première difficulté a trait à l'étendue du mot *cession* dans l'art. 9 ;

(1) *Sic* M. Troplong, Transcr., n. 321 ; M. Mourlon, Revue prat., I, p. 291.

de l'avis de tous, il comprend la cession de l'hypothèque communément appelée subrogation, mais comprend-il la cession de la créance même de la femme contre son mari? MM. Rivière et Huguet soutiennent la négative. La loi du 23 mars 1855, disent-ils, ne s'est pas occupée des cessions de créances, elles les a laissées sous l'empire du Code Napoléon; elles continueront à être régies par l'art. 1690; elle n'a porté son attention que sur la cession de l'hypothèque sans la créance. Ils en concluent que la cession de la créance hypothécaire de la femme ne devra pas être nécessairement faite par acte authentique, et que les tiers ne pourront exiger d'autre condition de publicité que la signification du transport au débiteur cédé. M. Troplong (Transcrip., n° 336) repousse ce système et avec raison selon nous. En effet, les raisons qui ont fait édicter l'art. 9. ne se rencontrent-elles pas ici avec toute leur puissance; la femme qui cède sa créance hypothécaire n'a-t-elle pas besoin de trouver, dans l'authenticité de l'acte, une garantie contre son inexpérience? Les tiers qui, sous l'empire du Code, étaient si souvent trompés par des cessions frauduleuses, n'ont-ils pas intérêt à savoir que la femme n'est plus propriétaire de sa créance hypothécaire, qu'elle n'a plus le droit d'en disposer?

Une autre difficulté s'est élevée sur la portée du mot *renonciation* dans l'art. 9; comprend-il et les renonciations *translatives* et les renonciations *extinctives?*

Cette difficulté est complexe; elle suppose d'abord résolue la question de savoir si l'art. 9 n'a point décidé que les renonciations auront toujours l'effet d'une cession et ne seront jamais extinctives. Examinons cette première question.

Nous reconnaîtrons que l'art. 9 assimile dans ses dispositions la cession et la renonciation, et qu'il les considère comme équivalant l'une à l'autre. Il les soumet toutes les deux au même régime, il les comprend dans une même désignation sous le titre commun de *subrogation*, il appelle *cessionnaire* de l'hypothèque le *bénéficiaire de la renonciation ;* il ajoute enfin que la date des inscriptions ou mentions qu'il prescrit à cet effet déterminera l'ordre dans lequel ceux qui ont obtenu des *cessions ou renonciations exerceront les droits hypothécaires de la femme.*

Nous reconnaissons donc que dans le système de la loi nouvelle *la renonciation*, de même que *la cession*, est tout à la fois *privative* et *investitive* de l'hypothèque qu'elle a pour objet, mais nous n'admettons pas que l'art. 9 ait entendu décider que désormais tous les actes de renonciation entraîneront nécessairement les effets de la cession, quelle que soit la volonté des parties, quelles que soient les circonstances dans lesquelles ils soient intervenus. Ce serait donner à l'art. 9 une portée qu'il n'a pas que de prétendre qu'il a établi une présomption *juris et de jure* excluant la preuve contraire.

Non, les conventions sont ce que les parties les font, « leur signification se recherche et ne s'impose pas » pour me servir de l'heureuse expression de M. Bertauld, si donc les parties ont déclaré formellement qu'elles entendaient faire une renonciation purement extinctive : ou si les circonstances sont telles qu'il ne puisse y avoir doute à cet égard, nous attribuerons à l'acte les effets que les parties ont entendu leur donner et non les effets d'une cession.

Tout ce qui résulte des termes de l'art. 9, c'est que la renonciation, de même que la cession, peut être transmissive de l'hypothèque, quoiqu'il y aît alors antinomie entre la désignation de l'acte et les effets qu'il entraîne; il n'en résulte point que la renonciation soit nécessairement translative.

Ce premier point admis, reste la question de savoir si les renonciations purement extinctives sont assujetties au mode de publicité de l'art. 9.

Peut-être, puisque nous avons reconnu que, dans le système de l'art. 9, les renonciations ont les effets d'une cession, devrions-nous admettre la négative et décider avec M. Mourlon (1) que les renonciations purement extinctives seront valablement consenties par acte sous seing privé, et sans qu'il soit besoin de leur donner aucune publicité.

Nous ne pouvons pas cependant admettre ce système. Sans doute, les termes de l'art. 9 ne s'appliquent pas explicitement à la renonciation purement extinctive, mais les termes de la loi sont-ils assez formels pour qu'il nous soit permis de dire qu'ils l'excluent? Le législateur n'a-t-il pas eu en vue l'intérêt de la femme et des tiers, et qui pourrait soutenir que la femme n'a pas besoin de la même protection quand elle renonce à son hypothèque et quand elle y subroge? qui pourrait dire que les tiers n'ont pas le même intérêt à connaître les renonciations de la femme qui désormais rendront inutiles les subrogations qui leur seraient consenties et ces subrogations mêmes? Le législateur, dans les art. 1 et 2, ne soumet-il pas au régime de publicité les renonciations extinctives d'un droit d'usufruit d'usage, d'habitation, de servitude ou d'antichrèse; et les renonciations à l'hypothèque, de toutes

(1) Revue prat., t. I, p. 189 et suiv.

les renonciations les plus dangereuses et les plus difficiles à connaître, relèveraient seules du principe de la clandestinité? C'est évidemment inadmissible, et nous devons soumettre les renonciations même purement extinctives à la double condition de l'authenticité et de la publicité prescrite par l'art. 9.

Mais, dit M. Mourlon, si nous raisonnons par analogie il va falloir décider que toutes les causes d'extinction des hypothèques, telles que le payement, la remise de la dette, la compensation vont être soumises au régime de la publicité. — Nullement, le danger n'est plus le même en pareil cas. Le tiers qui demandera la cession de l'hypothèque de la femme, demandera la communication du titre qui justifie de l'existence de la créance : ne fût-ce que pour savoir dans quelles limites il peut obtenir la subrogation; or le payement la compensation, placeront la femme dans l'impossibilité de produire le titre de sa créance, et par suite de consentir une cession frauduleuse.

Une dernière objection de M. Mourlon, est tirée de ce que l'obligation de l'inscription rendra obligatoire le renouvellement tous les dix ans. C'est là un inconvénient soit, mais dont il ne faut pas exagérer la portée. Tant que dure le mariage, la femme conserve aux yeux de tous la garantie de son hypothèque; dès lors qu'y a-t-il de plus simple que d'obliger le bénéficiaire de la renonciation à renouveler tous les dix ans, la formalité qui doit mettre les tiers en garde contre la fraude.

Nous arrivons à l'étude des formalités destinées à assurer la publicité des cessions et renonciations.

Une première question est celle de savoir si le subrogé qui inscrit à son profit l'hypothèque légale de la femme doit, à peine de nullité, énoncer spécialement la nature des droits divers, que cette hypothèque est destinée à conserver, et le montant de leur valeur quant aux objets déterminés.

Quelles que soient les divergences de la pratique, nous n'hésitons pas à admettre l'affirmative. Sans doute tant que le mariage dure, et même une année après sa dissolution, la femme est dispensée de la formalité de l'inscription, mais c'est là un privilége personnel ; du moment que la femme cède son droit, l'hypothèque transmise rentre dans le droit commun de la publicité : le subrogé doit prendre inscription d'une hypothèque légale et dès lors il doit se conformer à l'art. 2153 qui organise la publicité des hypothèques légales. L'art. 2153 régit le subrogé comme il régirait la subrogeante, si devenue veuve et n'étant plus dans l'année de son veuvage, elle était obligée de pourvoir elle-même à la conservation de ses droits.

En vain on invoquerait en faveur du cessionnaire les difficultés qu'il éprouvera à se procurer les renseignements nécessaires, c'est là un obstacle de fait, qui n'a rien d'ailleurs d'insurmontable, puisque le subrogé pourra se faire donner un état détaillé des droits divers que la femme lui offre d'affecter à sa sûreté particulière.

Nous posons donc en principe que le subrogé à l'hypothèque légale doit observer l'art. 2153, de même que celui qui prend une inscription pour une hypothèque conventionnelle doit se conformer à l'art. 2148, mais il n'en faut pas conclure que l'inscription sera toujours nulle quand on n'aura pas observé 2153, pas plus qu'il ne serait vrai de le dire si l'on n'avait pas observé 2148.

L'inscription sera nulle toutes les fois qu'une énonciation *substantielle* aura été omise, elle ne sera pas nulle dans le cas contraire ; et nous entendons par énonciations substantielles « toutes énonciations essentielles à la réali- » sation du principe de la publicité, » sans nous inquiéter du reste si les tiers ont eu connaissance accidentellement, par un événement étranger, de l'acte qui ne leur a pas été révélé par les formalités prescrites.

La question revient donc à se demander si l'inscription dans laquelle se trouve décrite d'une part l'hypothèque que la femme a sur les biens de son mari pour sûreté de sa dot et des autres droits qu'elle a ou peut avoir contre lui, et d'autre part la subrogation d'un tiers au lieu et place de la femme *avec indication du montant de la créance du subrogé*, mais sans indication du *montant et de la valeur des droits de la femme* est de nature à induire les tiers dans une erreur préjudiciable? Incontestablement non. Les tiers connaissent le montant de la créance que le subrogé aura le droit de prélever par préférence aux autres créanciers de la femme; ils sont dès lors suffisamment mis en garde, c'est à eux à se procurer des renseignements précis sur les droits que la femme aura à exercer contre son mari. (*Sic* M. Mourlon, Rev. prat., t. II, page 564).

L'inscription nulle pour omission de quelqu'une des énonciations essentielles pourrait être attaquée non-seulement par les subrogés postérieurs, mais par les créanciers du mari si le conflit s'engageait entre eux et le subrogé après l'expiration de l'année qui suivra la dissolution du mariage.

L'art. 9 prévoit deux hypothèses différentes, celle où l'hypothèque de la femme n'est pas inscrite et celle où elle est inscrite. Dans les deux cas le cessionnaire doit porter à la connaissance des tiers la mutation qui a eu lieu à son profit, mais dans les deux cas le mode de publicité est différent.

Supposons d'abord, ce qui sera le cas le plus fréquent, que *l'hypothèque de la femme ne soit pas inscrite*, le cessionnaire devra la faire inscrire à son profit.

Il n'y a pas de difficulté lorsqu'il s'agit de la cession de l'hypothèque faite par la femme au profit d'un créancier *chirographaire*. Mais au cas où le créancier subrogé à l'hypothèque de la femme a en même temps une hypothèque conventionnelle sur les biens du mari, une difficulté des plus graves se présente. Le subrogé doit-il prendre deux inscriptions distinctes sur le vu de deux bordereaux également distincts contenant chacun les mentions propres à l'inscription qu'il s'agit de requérir, peut-il, au contraire, inscrire collectivement ces deux hypothèques, de telle sorte que la mention de la subrogation dans l'inscription de l'hypothèque conventionnelle supplée l'inscription de l'hypothèque légale et en tienne lieu ?

M. Troplong (1) M. Pont (2) et M. Ducret, président de la chambre des notaires de Lyon, enseignent qu'un seul bordereau et une inscription unique, collectifs l'un et l'autre satisfont pleinement à toutes les prescriptions de la loi. M. Troplong va jusqu'à soutenir que la subrogation à l'hypothèque de la femme peut être valablement mentionnée dans l'inscription de l'hypothèque conventionnelle constituée au profit du subrogé sur les biens personnels de la femme, de sorte qu'il pourra arriver que l'hypothèque légale de la femme se trouve

(1) Transcr., n° 343. — (2) Revue crit. législ., t. VIII, p. 97.

inscrite dans un ressort où le mari ne possède aucun immeuble.

Nous pensons, au contraire, que le subrogé doit prendre deux inscriptions distinctes et que la mention de la subrogation dans l'inscription de l'hypothèque conventionnelle ne remplit point le vœu de la loi, encore qu'elle relate toutes les énonciations prescrites par l'art. 2153. Nous ne pouvons mieux faire que de reproduire les arguments présentés par M. Mourlon (1) dans sa savante réfutation du système de M. Pont.

Il se refuse à admettre l'inscription collective : 1° Parce que il n'y a aucune disposition dans nos lois qui ait trait de près ou de loin à ce mélange d'hypothèques décrites dans une inscription commune ; aucune disposition surtout qui permette l'inscription collective de plusieurs hypothèques nées de titres différents et de natures diverses ; 2° Parce que le projet de l'assemblée législative de 1851 portait que le cessionnaire de l'hypothèque légale non inscrite pourrait s'en saisir par l'énonciation du droit qu'il tiendrait de la femme, *soit dans l'inscription de sa propre créance contre le mari*, *soit dans une inscription spéciale*, et que de ces deux modes de publicité laissés au choix du subrogé, la loi du 23 mars 1855 n'a reproduit que le second, le premier a été supprimé complétement. En vain on lui oppose que M. Suin a dit, dans son exposé des motifs, que l'art. 9 n'a eu pour but que de sanctionner les dispositions admises d'un commun accord en 1851. Il répond que cette déclaration de M. Suin n'a point été faite spécialement à l'occasion de la subrogation, que c'est la loi tout entière qu'elle em-

(1) Rev. prat., II, p. 505.

brasse et que si on la prenait à la lettre, il faudrait dire qu'en ce qui touche les points qui ont été réglés, le projet de 1851 est passé tout d'une pièce sans aucune altération ni modification dans la loi de 1855; or les adversaires eux-mêmes ne vont pas jusque-là.

Enfin, M. Mourlon établit de la manière la plus claire que les inscriptions collectives ne mettent pas suffisamment en lumière les hypothèques et subrogations qu'elles ont pour objet. Il en trouve la preuve décisive dans l'art. 2108 qui exige que le conservateur inscrive d'office sur son registre des inscriptions le privilége du vendeur, et pourtant la transcription de l'acte de vente est déjà là pour avertir les tiers que l'immeuble n'est entré dans le patrimoine de l'acheteur qu'avec la charge du privilége retenu par le vendeur pour sûreté de sa créance. N'est-on pas en droit de s'étonner que M. Pont qui applaudit (1) à l'inscription prescrite dans le cas de l'art. 2108 « qui » met, dit-il, *en lumière* les parties essentielles à con- » naître dans l'acte de vente, les créances qui en résul- » tent, les conditions, les modalités, toutes choses qui » dans l'acte transcrit peuvent être *obscures et à tout le* » *moins difficiles à rechercher dans une rédaction plus ou* » *moins compliquée,* » soit sans pitié pour les tiers qui ne savent pas reconnaître la cession de l'hypothèque légale au milieu de toutes les énonciations d'une inscription d'hypothèque conventionnelle.

M. Alexis Leroux, dans le *Contrôleur de l'enregistrement* (art. 10737) et le *Journal des Notaires* (art. 15631), prescrivent, comme M. Mourlon, deux inscriptions; seulement, tandis qu'il exige un bordereau spécial pour cha-

(1) Traité des priviléges, n. 263 et 267.

que inscription, un bordereau unique et collectif leur semble suffisant.

La doctrine de M. Mourlon à laquelle nous nous rangeons de tous points, a été consacrée par un arrêt de la Cour de cassation du 4 février 1856 (1) qui a décidé que l'inscription de l'hypothèque légale de la femme mariée, nécessaire pour l'exercice de l'action hypothécaire, n'était pas valablement suppléée de la part du créancier subrogé à cette hypothèque par la mention de cette subrogation dans l'inscription d'une hypothèque conventionnelle qui lui a été consentie par la femme en même temps qu'elle le subrogeait à son hypothèque légale. — Cet arrêt est d'autant plus remarquable qu'il se réfère à une subrogation consentie sous l'empire du Code Napoléon, et que les mêmes principes sont applicables par un *a fortiori* depuis la loi du 23 mars 1855 (2).

La deuxième hypothèse prévue par l'art. 9 est celle où l'hypothèque de la femme est inscrite; en pareil cas, le subrogé doit faire inscrire sa subrogation en marge de l'inscription de la femme (3). Les termes de l'art. 9 sont formels et ne permettent pas de décider avec M. Pont que le subrogé peut, s'il le préfère, prendre inscription directe à son profit. Nous ajouterons qu'il n'y a pas de mode de publicité plus naturel que de mettre en marge de l'inscription existante, la *mention de l'acte même qui en déplace l'effet*, et que c'est ainsi que la loi

(1) Dev., 56, 1, 225.

(2) Cette jurisprudence conforme aux arrêts d'Amiens, 14 août 1839 et 10 juillet 1843; Limoges, 21 janv. 1843; Bourges, 30 avril 1853 (Dev., 40, 2, 305 et 46, 2, 295.); (*J. du P.*, 1853, 2, 28), est contraire aux arrêts d'Angers, 3 avril 1835; (Dev., 35. 2, 226); de Bordeaux, 4 juil. 1849; de Paris, 24 août 1840, 25 janv. 1851, 30 juin 1853, 31 août 1854, de Bourges, 18 mars 1854 (*J. du P.*, 1840, 2, 68; 1854, 2, 218 et 510; Dev., 15, 2, 177.)

(3) *Sic* M. Mourlon, Revue prat., t. II, p. 499.

procède dans tous les cas analogues. Ainsi, au cas de résolution ou de rescision d'un acte translatif de propriété (art. 4), au cas de demande en révocation pour ingratitude (art. 958), au cas de rectification d'un acte de l'état civil (art. 101).

Le mode de procéder de M. Pont serait dangereux à un double point de vue. Il serait de nature à tromper les tiers, car ils pourraient facilement croire en présence de l'inscription que la femme n'a pas encore disposé de son hypothèque. Il porterait atteinte au crédit du mari, car ces inscriptions réitérées feraient croire à un passif plus considérable que celui qui existe réellement.

L'art. 11 déclare que l'art. 9 n'est pas applicable aux actes ayant acquis date certaine avant le 1er janvier 1856, d'où nous conclurons que les subrogations antérieures à cette époque demeurent, dans tous les cas, c'est-à-dire tant que dure le mariage de la subrogeante et même après sa dissolution (1), complétement régies par l'ancienne loi.

De là les conséquences suivantes : 1° Entre les subrogés, la date certaine de la subrogation détermine l'ordre de préférence ; 2° Ils priment, bien que leurs droits soient restés secrets tous les subrogés postérieurs au 1er janvier 1856 ; 3° Ils conservent, aussi longtemps que le tiers acquéreur n'aura pas purgé, le droit de suite sur les biens aliénés par le mari de leur débitrice, soit avant, soit après le 1er janvier 1856.

(1) Ce qui est très-remarquable, car la même faveur est refusée à la femme par l'art. 8.

CHAPITRE VII.

DES MODES D'EXTINCTION DE L'HYPOTHÈQUE LÉGALE ET SPÉCIALEMENT DE LA PURGE.

L'art. 2180 énumère quatre modes d'extinction de l'hypothèque :

1° Extinction de l'obligation principale ;

2° Renonciation du créancier ;

3° Prescription ;

4° Conditions et formalités de la purge.

Sur le premier mode, nous nous bornerons à observer que c'est aujourd'hui un principe constant dans la jurisprudence, que l'hypothèque légale de la femme cesse d'exister de plein droit, dès l'instant que le mari a, même d'une manière fictive, tenu compte aux héritiers de celle-ci des sommes qu'il leur devait. Si donc le mari conserve néanmoins, comme légataire en usufruit, la jouissance de ces sommes, il n'est pas pour cela soumis à l'hypothèque légale au profit des héritiers. Le dernier arrêt rendu en ce sens est de la cour de Bourges, 6 mars 1855 (Dev. 55. 2. 353).

La renonciation de la femme est, nous le savons, un mode d'extinction de l'hypothèque, pourvu qu'elle ait lieu en faveur d'un tiers. Seulement nous devons ajouter, d'après le système que nous avons admis sur la loi du 23 mars 1855, que cette renonciation n'est extinctive de l'hypothèque à l'égard des tiers, qu'autant qu'elle aura été mentionnée en marge de l'inscription.

La prescription ne courra pas contre la femme au profit du tiers détenteur d'un immeuble du mari, toutes les fois que l'action hypothécaire de la femme réfléchi rait contre le mari (2256); ce qui arrivera toujours, à moins que le mari n'ait fait une donation ou n'ait stipulé que l'action de la femme ne donnerait lieu à aucun recours contre lui. (*Sic* M. Troplong, n° 885. — Cour de Bordeaux, 29 septembre 1833. (Dev. 34. 2. 247.)

La quatrième cause d'extinction et la plus importante, est l'accomplissement des conditions et formalités de la purge. Elle fera l'objet de longs développements.

De la Purge.

La purge est un mode d'extinction de toutes les hypothèques qui grèvent un immeuble par le payement d'un prix déterminé, accepté expressément ou tacitement par les créanciers hypothécaires. Tel est l'effet de la purge à l'égard des hypothèques inscrites et à l'égard des hypothèques dispensées d'inscription, mais dans les deux cas le mode de déterminer le prix que devra payer l'acquéreur pour se libérer n'est pas le même. Toute hypothèque inscrite, fût-ce même celle de la femme, sera purgée en remplissant les formalités des art. 2181 et suivants du Code Napoléon. Au contraire, l'hypothèque dispensée d'inscription et qui n'aura pas été inscrite, sera purgée au moyen d'une procédure spéciale, organisée dans les art. 2194 et 2195. Cette procédure aura un double but, celui de porter l'aliénation à la connaissance de la femme et celui de la mettre en demeure d'inscrire son hypothèque pour conserver ses droits, et de surenchérir si elle y trouve avantage.

Cette procédure spéciale a été empruntée, en grande partie, à l'édit de 1771 qui organisait la purge à une époque où toutes les hypothèques étaient occultes. Nous devons reconnaître que les formalités de l'art. 2194 sont un moyen beaucoup plus efficace de mettre en demeure les créanciers de surenchérir que la procédure de purge des hypothèques inscrites.

Nous ne nous occuperons pas ici de la purge de l'hypothèque de la femme lorsqu'elle a été inscrite, elle rentre dans la théorie générale de la purge des hypothèques ordinaires et ne présente rien de particulier. Nous nous bornerons à indiquer qu'avant la loi du 23 mars 1855, c'était une question fort controversée que celle de savoir si l'hypothèque de la femme devait être réputée inscrite au point de vue de la purge, lorsque la femme n'avait pris inscription que dans la quinzaine de la transcription (art. 834, C. proc.). Les partisans de la négative disaient : aux termes de l'art. 835, C. p., le nouveau propriétaire n'est pas tenu de faire les notifications prescrites par les art. 2183 et 2184 aux créanciers dont les inscriptions sont postérieures à la transcription de l'acte d'aliénation, dès lors admettre que l'hypothèque de la femme, sera réputée inscrite au point de vue de la purge, serait la placer dans une situation plus défavorable que si elle n'avait pas pris d'inscription, puisqu'elle se trouverait soumise aux formalités de la purge des art. 2181 et suivants et qu'elle ne recevrait pas de notifications. — L'art. 834, disaient-ils, ne s'applique pas à l'hypothèque légale, l'art. 835 ne doit pas s'y appliquer non plus.

Depuis la loi du 23 mars 1855, la question ne peut plus se présenter.

Nous verrons successivement dans trois sections quelles sont les formalités de la purge de l'hypothèque légale de la femme non inscrite dans le cas : 1° d'aliénation volontaire; 2° d'expropriation forcée; 3° d'expropriation pour cause d'utilité publique.

SECTION PREMIÈRE.

DE LA PURGE AU CAS D'ALIÉNATION VOLONTAIRE.

L'acquéreur qui voudra purger, déposera au greffe du tribunal de la situation des biens une copie dûment collationnée du contrat translatif de propriété; il signifiera ce dépôt tant à la femme qu'au procureur impérial. Plusieurs arrêts ont décidé, en s'appuyant sur la lettre de l'art. 68 du C. p., que la signification faite à la femme *parlant à son mari* était suffisante, mais nous croyons qu'il faut décider avec la cour de Paris (25 fév. 1819) et M. Troplong (n° 978) que la signification doit être faite *à la personne de la femme.*

Un avis du conseil d'État du 18 juin 1807, a décidé qu'au cas où la femme elle-même ou son domicile ne seront pas connus, l'acquéreur devra déclarer, dans la signification au procureur impérial, que la femme ne lui étant pas connue, il fera publier la susdite signification dans les formes de l'article 683 Cod. proc., c'est-à-dire par insertion dans un journal du département.

L'avis du conseil d'État de 1807 recevra désormais une application bien rare, puisque l'art. 8 de la loi du 23 mars 1855 frappe de déchéance la femme qui n'aura pas pris inscription dans l'année de la dissolution du mariage.

Enfin, l'acquéreur devra faire afficher pendant deux mois dans l'auditoire du tribunal, un extrait du contrat translatif de propriété, contenant : 1° les noms, prénoms, profession et domicile des contractants; 2° la désignation de la nature et de la situation des biens; 3 le prix et les autres charges de la vente.

Ces formalités remplies, la femme aura deux mois pour

s'inscrire. Supposons qu'elle s'inscrive et voyons quels seront les effets de l'inscription? Sera-ce seulement de porter à la connaissance de l'acquéreur l'hypothèque de la femme et de rendre possible la procédure de la purge ordinaire, de telle sorte que l'acquéreur doive faire les notifications de l'art. 2183 et que la femme ait, à partir de ces notifications, un délai de quarante jours pour surenchérir? Faut-il dire, au contraire, que l'acquéreur n'aura aucune nouvelle notification à faire, et décider que le délai de deux mois que la loi donne à la femme pour s'inscrire est aussi le délai dans lequel la surenchère doit être faite?

Cette question est fort difficile : l'art. 2194 porte, en effet, que l'inscription prise dans le délai de deux mois produira les mêmes effets qui si elle avait été prise au moment même de la naissance de l'hypothèque; le fait de l'inscription met donc la femme dans la position de tout créancier inscrit; or, le créancier inscrit a quarante jours à partir de la notification qui lui est faite par l'acquéreur pour requérir la surenchère. Procéder autrement n'est-ce pas obliger la femme à aller au bureau des hypothèques pour connaître le montant des charges qui grevent l'immeuble? La priver de la notification de ce tableau à trois colonnes qui lui ferait connaître si facilement sa situation, n'est-ce pas la placer dans une condition plus défavorable qu'un créancier ordinaire et violer ainsi l'art. 2194?

Le fait anormal c'est le défaut d'inscription de la femme, et, comme conséquence, l'impossibilité de lui faire les notifications nécessaires. Une fois ce résultat obtenu, la femme doit être replacée sous l'empire du droit commun et ne pas être traitée plus mal qu'un créancier ordinaire (Cassat., 21 août 1833. — Dev. 33. 1. 612).

En vain voudrait-on argumenter, ajoute-t-on dans cette opinion, de l'art. 775 du Code proc., qui porte qu'au cas de vente volontaire, l'ordre sera provoqué par le créancier le plus diligent ou l'acquéreur après l'expiration des trente jours qui suivront les délais prescrits par les art. 2185 et 2194, pour soutenir qu'au bout du délai de deux mois de l'art. 2194, aussi bien qu'au bout du délai de quarante jours prescrit par l'art. 2185, tout est consommé, le droit de surenchérir comme le droit de prendre inscription. L'art. 775 n'a rien de concluant : le législateur n'a pas dit dans les délais prescrits par les art. 2185 *ou* 2194, ce qui serait décisif, il a dit dans les délais prescrits par les art. 2185 *et* 2194. Or, dans l'opinion qui soutient que la femme a quarante jours à partir de la notification qui lui est faite dans le courant des deux mois, on ne s'exprimerait pas autrement, le délai dans lequel la surenchère devrait être faite résulterait bien en effet de la combinaison des art. 2185 et 2194.

Nous pensons, néanmoins, que le délai de deux mois dans lequel la femme doit prendre inscription est aussi celui dans lequel elle doit surenchérir. Cela nous paraît résulter de l'art. 2195 qui, après les deux mois expirés, ne suppose aucun retard possible à l'ouverture de l'ordre. N'est-il pas probable d'ailleurs qu'en reproduisant le délai unique de l'édit de 1771, les rédacteurs ont entendu décider que la femme n'aurait que deux mois pour prendre inscription et pour surenchérir, de même que sous l'empire de l'édit, elle n'avait que deux mois pour surenchérir et former opposition (*Sic* M. Troplong, 982 et suiv.) ?

Nous n'apporterons à ce principe qu'une exception, pour le cas d'aliénation à titre gratuit; le donataire ne pourra pas prétendre que la femme qui s'est inscrite dans le délai de deux mois est déchue de son droit de surenchérir par l'expiration de ce délai, s'il n'a pris la précaution de donner, dans l'extrait du contrat, une évaluation de l'immeuble. En pareil cas, le donataire n'aura d'autre moyen de mettre la femme en demeure de surenchérir, que de recourir à la purge (2183). Mais le premier moyen, qui consiste à évaluer l'immeuble dans l'extrait du contrat, est infiniment préférable, car il entraînera des frais bien moins considérables.

Le droit de surenchère, il faut le reconnaître, est en fait insuffisant pour protéger la femme; le plus souvent il n'est point exercé. La femme n'ose pas agir, dans la crainte de déplaire à son mari, qu'elle exposerait à un recours en garantie de la part de l'acquéreur qu'elle évincerait. Cette observation est d'autant plus vraie, que la jurisprudence ne voit pas dans la surenchère un simple acte conservatoire; elle exige que la femme soit autorisée par le mari (Cour de cassation, 14 juin 1824). Peut-être la loi n'eût-elle dû faire courir le délai pour surenchérir, que du jour de la dissolution du mariage; mais c'eût été entraver la circulation des biens pendant de longues années, et porter une grave atteinte au crédit public.

Les deux mois sont expirés; la femme n'a pas surenchéri, ou, si elle a surenchéri, il a été procédé à l'adjudication sur surenchère; les délais de la purge ordinaire sont également expirés; comment la femme va-t-elle exercer son droit sur le prix de vente, ou sur l'évaluation de l'immeuble du mari? Deux hypothèses peuvent se présenter.

Première hypothèse. — La femme est primée sur la totalité de la valeur de l'immeuble, par des créanciers antérieurs. L'acquéreur payera les créanciers, et l'inscription de la femme, qui ne vient pas en ordre utile, sera rayée.

Deuxième hypothèse. — L'inscription de la femme arrive en rang utile sur la totalité ou sur une partie de la valeur de l'immeuble. Nous colloquerons la femme pour une somme telle, qu'elle suffise à garantir tous ses droits, même éventuels, en supposant qu'ils se réalisent tous. Nous entendons par droits éventuels, les droits qui existent au jour de l'aliénation de l'immeuble, mais qui sont encore conditionnels ou indéterminés.

La collocation de la femme ne sera que provisoire, et ne deviendra définitive qu'après la dissolution du mariage ou la séparation de biens. Aussi ne faudra-t-il appliquer la fin de l'article 2194 qu'avec les plus grandes précautions, et ne se décider que très-difficilement à rayer les inscriptions dont le rang est postérieur à celui de la femme, puisqu'il peut arriver que les créances éventuelles de la femme ne se réalisent pas, et que ces inscriptions arrivent en rang utile.

Que deviendront les sommes attribuées provisoirement à la femme? On ne peut ni les lui donner, ni les remettre au mari. Mais, d'autre part, obliger l'acquéreur à les conserver, serait lui imposer une charge bien lourde. Nous croyons que le moyen qui satisfera le mieux tous les intérêts, sera de permettre à l'acquéreur de remettre les sommes aux créanciers hypothécaires dont le rang est antérieur à celui de la femme, à la charge de fournir des garanties pour la restitution à la femme, s'il y a lieu. A défaut de créanciers postérieurs, nous permettrons à l'acquéreur de consigner les sommes.

Supposons maintenant qu'il n'ait pas être pris d'inscription du chef de la femme. Ici encore deux hypothèses peuvent se présenter. Ou bien il n'y pas eu de surenchère, ou s'il y en a eu une, l'acquéreur primitif s'est rendu adjudicataire ; ou bien l'immeuble est passé à un autre que l'acheteur primitif.

Prenons d'abord la première hypothèse et demandons-nous quelle est, pour la femme, la conséquence du défaut d'inscription dans le délai de deux mois ? L'art. 2195-1° est formel, l'immeuble passe à l'acquéreur sans aucune charge, à raison des dots, reprises de la femme. — Ainsi un premier point bien certain, est que la femme a perdu, faute d'inscription, le droit de rechercher l'immeuble entre les mains des tiers détenteurs. Mais a-t-elle également perdu le droit de venir à l'ordre sur le prix de l'immeuble ? En un mot, a-t-elle perdu le droit de préférence aussi bien que le droit de suite ?

Jamais question ne fut plus controversée et ne réunit des autorités plus considérables de part et d'autre. Ainsi, tandis que la Cour de cassation (1), M. Duranton (2), M. Valette, M. Tessier (3), M. Benoît (4), etc., se prononcent pour l'affirmative ; un grand nombre d'arrêts de Cours impériales, M. Troplong (5), M. Dupin (6),

(1) Le premier arrêt est du 30 août 1825 et le dernier du 23 fév. 1852, rendu en chambres réunies, contrairement aux conclusions de M. Delangle, alors proc. général (Dev. 52, 1, 82).

(2) T. 20, n. 358 et 421 bis.

(3) Dot, t. 2, n. 150. (4) T. 1, n. 69.

(5) T. 4, n. 984. (6) Réquis. et plaid., t. 3, p. 89.

M. Zachariæ (1), M. Persil (2), M. Delvincourt (3) se prononcent pour la négative.

L'argument fondamental sur lequel la Cour de cassation base sa jurisprudence est tiré de l'art. 2180. Aux termes de l'art. 2180 3° les hypothèques *s'éteignent* par l'accomplissement des formalités et conditions prescrites aux tiers détenteurs pour purger les biens qu'ils ont acquis. Ce mode d'extinction s'applique aux hypothèques légales comme aux hypothèques judiciaires ou conventionnelles, car la loi ne distingue pas. Or une hypothèque éteinte n'est plus et ne peut plus avoir aucun effet; dès qu'elle cesse d'exister tous ses *attributs*, le droit de suite sur l'immeuble et le droit de préférence sur le prix, disparaissent nécessairement avec elle. — A cela nous répondrons que la purge est un mode d'extinction des hypothèques, mais en ce sens seulement, que le tiers détenteur, au lieu d'être tenu de purger toutes les créances hypothécaires, sera libéré de toutes les hypothèques du moment qu'il aura payé un prix déterminé, encore que ce prix soit inférieur au montant des créances. Voilà en quel sens la purge est un mode d'extinction des hypothèques; mais l'acquéreur, et c'est là ce qu'il importe de remarquer, n'est affranchi du droit de suite, que sous la condition suspensive du payement du prix aux créanciers qui sont en ordre de recevoir. Si cette condition n'est pas respectée, si l'acquéreur paye les créanciers derniers inscrits, les créanciers dont le droit de préférence est méconnu peuvent saisir l'immeuble. Il ne faut donc pas dire que la purge est accom-

(1) T. 2, n. 295 note 10. — (2) Reg. hyp., t. 2, p. 80.
(3) T. 3, p. 376, n. 3.

plie, et que par conséquent toutes les hypothèques sont éteintes du moment que le prix que devra payer l'acquéreur est déterminé.

La seconde idée sur laquelle la cour de cassation fonde les considérants de ses arrêts est celle-ci : la doctrine qui donne à la femme, qui ne s'est pas inscrite, le droit de se faire colloquer sur le prix, fait subsister le droit de préférence après l'extinction du droit de suite, or il y a déchéance absolue pour la femme, aussi bien déchéance du droit de préférence que déchéance du droit de suite. — Est-ce donc que ces deux droits sont tellement liés l'un à l'autre que la séparation du droit de suite et du droit de préférence soit un résultat tout à fait anormal et exceptionnel produit par la doctrine que nous soutenons? Assurément non, nous pourrions nous borner à citer pour preuve l'art. 2198, et l'art. 17 de la loi du 3 mai 1841 sur l'expropriation pour utilité publique. Mais laissant même de côté ces articles spéciaux, nous dirons qu'il n'y a pas un cas, où il n'arrive qu'à un certain moment, le droit réel d'hypothèque ne soit transformé en un droit sur le prix, droit qui est précisément et uniquement le droit de préférence. Et, en effet, du moment que le créancier aura réalisé son gage hypothécaire, son droit de suite sera éteint; son droit de préférence subsistera seul; si l'immeuble est vendu par expropriation forcée, ce moment sera celui où l'adjudication sera consommée; s'il est vendu par aliénation volontaire, ce sera celui où les délais pour la surenchère étant expirés, les créanciers auront accepté les offres. Qui ne voit que dès ce moment la position des créanciers est exactement semblable à celle de la femme, qui, elle aussi, a accepté par son silence les conséquences de la purge? L'un et l'autre ont perdu leur droit de suite, mais tous deux ont encore leur droit de préférence.

La Cour de cassation argumente en second lieu de l'art. 2166; elle s'empare de ces mots *suivant l'ordre de leurs inscriptions*, pour soutenir que lorsque l'immeuble sort des mains du débiteur pour passer dans celles d'un tiers acquéreur, l'hypothèque légale de la femme *doit être inscrite, et que ce n'est qu'à cette condition qu'elle peut prendre rang sur le prix.* Cet argument est, pour nous servir de l'expression de M. Troplong, *d'une faiblesse palpable*; et, en effet, l'art. 2166 n'a jamais été applicable aux hypothèques légales dispensées d'inscription. Le principe que l'aliénation purge toutes les hypothèques non inscrites, proclamé par l'art 2166, ne s'étend qu'aux hypothèques conventionnelles et judiciaires. Nous n'en voulons pour preuve que la présence dans le Code du chapitre IX qui n'aurait aucun sens si l'argument de la cour de cassation sur l'art. 2166 était vrai.

Une troisième objection est présentée par la cour de cassation; elle veut que pour requérir un ordre ou y être admis il faille nécessairement être inscrit. Mais les arguments qu'elle tire des art. 752, 753, 774, 775, C. pr., ne nous paraissent nullement concluants. Aucun de ces articles ne décide que pour profiter du bénéfice d'un ordre il faille une inscription à l'appui d'une hypothèque que la loi elle-même en déclare dispensée, tout ce qu'on peut conclure de l'art. 753, c'est que pour être *appelé* à l'ordre il faut être inscrit, et que par conséquent la femme qui ne se sera pas fait inscrire, courra la chance d'ignorer ce qui se passe et de rester étrangère à l'instance, mais si elle en a une connaissance indirecte, rien ne l'empêchera d'y intervenir.

Une dernière objection repose sur cette considération que la possibilité pour la femme de se présenter à l'ordre, nuira aux tiers acquéreur, en ce que les créanciers, dans la crainte de se voir primés par l'hypothèque de la femme, se décideront facilement à surenchérir. Nous répondrons que cette considération sera sans valeur toutes les fois que la purge ordinaire aura précédé la purge légale ou sera au moins concomitante avec elle, car même, dans ce dernier cas, les créanciers pourront toujours craindre que la femme ne prenne inscription pendant les 20 jours qui lui resteront encore après l'expiration des 40 jours ; et que même au cas où la purge légale aura précédé la purge ordinaire, la considération que l'on fait valoir ne nous paraît point décisive, car nous ne voyons pas pourquoi le tiers acquéreur profiterait de la situation défavorable de la femme pour faire un bon marché et spéculerait sur son inexpérience.

Enfin on a cherché fort imprudemment suivant nous un dernier soutien dans l'histoire du droit. L'art. 17 de l'édit de 1771, nous dit-on, enlevait tout droit à la femme qui n'avait pas formé opposition, or les formalités du chap. IX ont été copiées dans l'édit; donc le défaut d'inscription doit avoir pour la femme le même résultat.

Nous répondrons qu'en effet *les formalités* ont été copiées, mais quelles *formalités?* celles qui ont pour but dans l'édit, d'obliger à faire *opposition;* dans le Code civil, d'obliger à prendre *inscription*. Mais l'opposition et l'inscription sont deux actes essentiellement différents ; l'*inscription* a pour but la publicité, et un de ses effets est la conservation du droit hypothécaire ; l'*opposition*, au contraire, était un acte tout à la fois de conservation du droit comme l'inscription, et d'exécution, comme la production à l'ordre; et dès lors on devait décider (comme nous le déciderions aujourd'hui faute de production à l'ordre) que faute d'opposition dans les deux mois la femme était déchue et de son droit de suite et de son droit de préférence.

La loi de brumaire an VII renversa tout le système de l'édit de 1771, l'opposition disparut, et cela se conçoit facilement, toutes les hypothèques étant rendues publiques par l'inscription, il n'y avait pas, de la part du créancier, d'acte d'exécution à faire pour assurer son droit. Lors de la rédaction du Code un projet fut d'abord proposé qui rétablissait tout le système de l'ancienne opposition avec ses effets rigoureux ; mais il fut vivement combattu par les tribunaux d'appel, et la déchéance qui, dans l'ancien droit, était prononcée pour défaut d'opposition, n'est aujourd'hui prononcée que faute de production à l'ordre, art. 759 C. proc.

Un argument en faveur de l'opinion que nous soutenons peut être tiré de la loi de 1841 sur l'expropriation pour cause d'utilité publique. M. Persil, en proposant l'art. 17, article qui maintient le droit de préférence de la femme, après qu'elle a perdu le droit de suite, le présentait non comme une innovation mais comme la consécration d'un principe contenu dans le Code civil et donnant pourtant lieu à controverses.

Nous conclurons donc, que la femme viendra exercer son droit sur le prix de l'immeuble, tant qu'il n'aura pas été payé aux créanciers, ou, s'il y a un ordre, tant que la clôture n'en aura pas été prononcée.

En supposant toujours que la femme n'ait pas pris inscription dans le délai de deux mois, nous avons à examiner une seconde hypothèse. Par l'effet de la surenchère, l'immeuble est passé entre les mains d'un nouvel acquéreur, la femme qui a négligé de prendre inscription est-elle déchue de son hypothèque à l'égard du nouvel acquéreur? Faudra-t-il, au contraire, qu'il recommence à nouveau les longues et coûteuses formalités de la purge? La pratique (1) se fonde, pour l'exiger, sur un argument *à contrario* tiré de l'art. 2189. Cet article n'exempte de l'obligation de faire transcrire le jugement d'adjudication, que l'acquéreur ou le donataire qui conserve l'immeuble en se rendant dernier enchérisseur; on en conclut que tout autre adjudicataire sera soumis à la transcription; alors, dit-on, la première vente est complétement résolue et la purge faite par le premier acquéreur ne peut plus servir au second.

Nous ne pouvons admettre ce système; l'art. 2189 est un vestige malheureux de l'art. 22 de la loi du 11 brumaire an VII, et il n'y a aucun argument à en tirer. Nous ajouterons, que l'art. 838, C. pr., est décisif, il déclare que l'adjudicataire par suite de surenchère sur aliénation volontaire, ne pourra être frappé d'aucune *autre surenchère*; or, s'il ne peut plus y avoir de surenchère, c'est donc qu'il ne peut plus y avoir de purge nouvelle. *Sic.* MM. Troplong, n° 963; Grenier, t. II, n° 472 et 473; Tarrible, Transcrip., p. 124.

SECTION II.

DE LA PURGE AU CAS D'EXPROPRIATION FORCÉE.

Nulle part, le législateur ne s'est prononcé sur la question de savoir si la vente sur saisie purge les hypothèques. Il n'a cependant jamais été sérieusement contesté

(1) *Sic* Paris, 3 avril 1812.

que les hypothèques ordinaires ne fussent purgées par l'expropriation forcée, mais on a vivement débattu la question de savoir s'il en sera de même pour les hypothèques légales dispensées d'inscription.

La Cour de cassation, après avoir adopté l'affirmative par plusieurs arrêts (26 juil. 1830, est le dernier), s'est rangée à l'opinion adverse depuis le 22 juin 1833, et elle exige que l'adjudicataire sur expropriation forcée remplisse les formalités du chap. IX. — M. Grenier, n° 490 et M. Troplong, combattent la dernière jurisprudence de la Cour, et avec grande raison selon nous.

Dans l'ancien droit la question ne faisait pas de doute, l'hypothèque de la femme était purgée par le décret forcé. Les rédacteurs du Code ont voulu maintenir la même doctrine et n'appliquer le chap. IX qu'aux aliénations volontaires. Cela résulte des termes mêmes dont ils se servent. Ils parlent toujours *de l'acquéreur* et jamais *de l'adjudicataire*, toujours *du contrat* et jamais du *jugement d'adjudication*. L'art. 749 C. pr., confirme cette interprétation, car tandis qu'il exige que les créanciers se règlent entre eux sur la distribution du prix dans *le mois de la signification du jugement d'adjudication*, l'art. 775 ne fait commencer l'ordre, en cas d'aliénation autre que celle par expropriation, que dans le mois qui suit les délais prescrits par les art. 2194 et 2195. Pourquoi cette différence? N'est-ce pas parce que dans le premier cas il n'y a pas de purge à faire?

Nous savons qu'en 1841 lors de la discussion de la loi sur la saisie immobilière, un amendement proposa de déclarer dans l'art. 672, que les hypothèques légales seraient purgées par l'expropriation forcée, et que cet amendement fut rejeté, mais nous ne croyons pas que la chambre ait entendu par là trancher la question dans le sens de la négative.

Ne serait-ce pas perdre un temps et un argent précieux en formalités souvent inutiles, que de procéder à la purge après toutes les formalités de la saisie immobilière ?

Remarquons seulement qu'il ne faut pas assimiler à l'expropriation forcée de nombreux cas de ventes judiciaires, accompagnés de formalités à peu près identiques, mais qui ne constituent que des aliénations volontaires, ainsi les ventes d'immeubles dotaux, de biens de mineur, d'interdit, etc.

SECTION III.

DE LA PURGE AU CAS D'EXPROPRIATION POUR CAUSE D'UTILITÉ PUBLIQUE.

La procédure d'expropriation pour cause d'utilité publique est entourée d'une trop grande publicité pour que la loi exige, en outre, l'accomplissement des formalités de la purge, d'autant plus que le créancier hypothécaire n'a pas le droit de surenchérir, qu'il peut seulement exiger le règlement de l'indemnité par un jury spécial ; aussi l'art. 17 de la loi du 3 mai 1841, porte que quiconque n'aura pas pris inscription dans la quinzaine de la transcription du jugement d'expropriation, sera déchu de tout droit de suite contre l'administration. Mais l'art. 17 réserve le droit de préférence de la femme, tant que le prix n'est pas payé ou l'ordre réglé définitivement entre les créanciers.

POSITIONS.

DROIT ROMAIN.

1. Dans la loi 32, D., *De jure dot.*, les mots *ex voluntate mulieris*, désignent une convention particulière intervenue dans le contrat de mariage; la loi 32 n'est qu'une application de la loi 26, D., *De jure dot.*

2. La loi 16, D., *De fundo dotali*, ne peut se comprendre dans le droit de Justinien, qu'en supposant que le mari a été constitué par la femme, *procurator in rem suam.*

3. La loi 54, *De jure dot.* de Gaius, a été insérée au digeste avec l'intention qu'on lui donnât un sens général en harmonie avec la loi 30 au Code *De jure dot.*, mais tel n'était pas le sens que Gaius lui donnait.

4. La loi 9, § 1, D., *De jure dot.*, et la loi 2, § 5, D., *De donationibus*, sont inconciliables.

5. L'estimation de la dot vaut vente, en ce sens: 1° que les risques sont à la charge du mari; 2° que le mari, s'il est évincé, a, comme l'acheteur, l'action en garantie.

DROIT FRANÇAIS.

1. La femme mariée sous le régime dotal, a-t-elle, au cas d'aliénation de ses immeubles dotaux, indépendamment de son action révocatoire, une hypothèque pour le prix de ses immeubles aliénés? — Peut-elle l'exercer même, *constante matrimonio?* — Oui.

2. La femme peut-elle se prévaloir de son hypothèque pour l'indemnité des dettes qu'elle a contractées avec son mari, même avant d'avoir payé ou d'avoir été poursuivie à fin de payement, si d'ailleurs la dette est

échue ou si le mari est en faillite ou en déconfiture? — Oui.

3. La femme a-t-elle hypothèque sur les conquêts de communauté? — Non, si elle accepte la communauté. — Oui, si elle y renonce.

4. La femme peut-elle faire porter tout le poids de son hypothèque sur un seul immeuble du mari, au détriment des créanciers hypothécaires inscrits sur ce même immeuble? — Oui, toutes les fois que tous les biens grevés de l'hypothèque générale ne donnent pas lieu à un ordre unique.

5. Les créanciers dont le gage a été entièrement absorbé par l'hypothèque de la femme, ont-ils un recours sur les autres immeubles du mari? — Oui, la dette se répartira entre les divers immeubles au *prorata* de leur valeur.

6. Quand la renonciation de la femme à son hypothèque a-t-elle lieu en faveur d'un tiers? Toutes les fois qu'elle n'est pas extinctive de l'hypothèque à l'égard du mari.

7. La renonciation de la femme à son hypothèque en faveur d'un tiers, a-t-elle toujours les effets d'une cession? — Non.

8. Le créancier subrogé à l'hypothèque de la femme, peut-il, lorsqu'il a en même temps une hypothèque conventionnelle sur les biens du mari, prendre une inscription collective? — Non, il faut deux inscriptions distinctes sur le vu de deux bordereaux distincts.

9. La femme qui n'a pas pris d'inscription dans le délai de deux mois, à partir de l'accomplissement des formalités de l'art. 2194, a-t-elle perdu son droit de préférence et son droit de suite? — Non.

10. L'expropriation forcée purge-t-elle les hypothèques légales? — Oui.

DROIT CRIMINEL.

1. Le tribunal correctionnel qui acquitte, peut-il condamner à des dommages et intérêts? — Non.

2. En quel sens l'action civile est-elle prescrite en même temps que l'action publique?—En ce sens seulement qu'il s'agit de l'action en dommages et intérêts entendue *stricto sensu.*

HISTOIRE DU DROIT.

1. L'élément celtique a-t-il eu part à l'origine et à la formation de nos institutions? — Non.

2. Le privilége de la masculinité est d'origine germanique, mais il fut ravivé à l'époque féodale par le désir de conserver les biens dans la famille.

DROIT DES GENS.

1. Un Français en pays étranger peut-il faire son testament par acte public devant le chancelier du consulat? — Oui.

2. La femme étrangère a-t-elle hypothèque légale sur les immeubles que son mari possède en France? — Oui, mais à la double condition que la loi de son pays et la loi française reconnaissent à la femme le bénéfice de l'hypothèque légale.

Vu par le Président de la thèse,
A. VALETTE.

Vu par le Doyen de la Faculté,
C. A. PELLAT.

Permis d'imprimer :
Pour le Vice-Recteur, l'Inspecteur de l'Académie,
BOUILLET.

Paris.— Imprimé par E. Thunot et Cᵉ, 26, rue Racine.

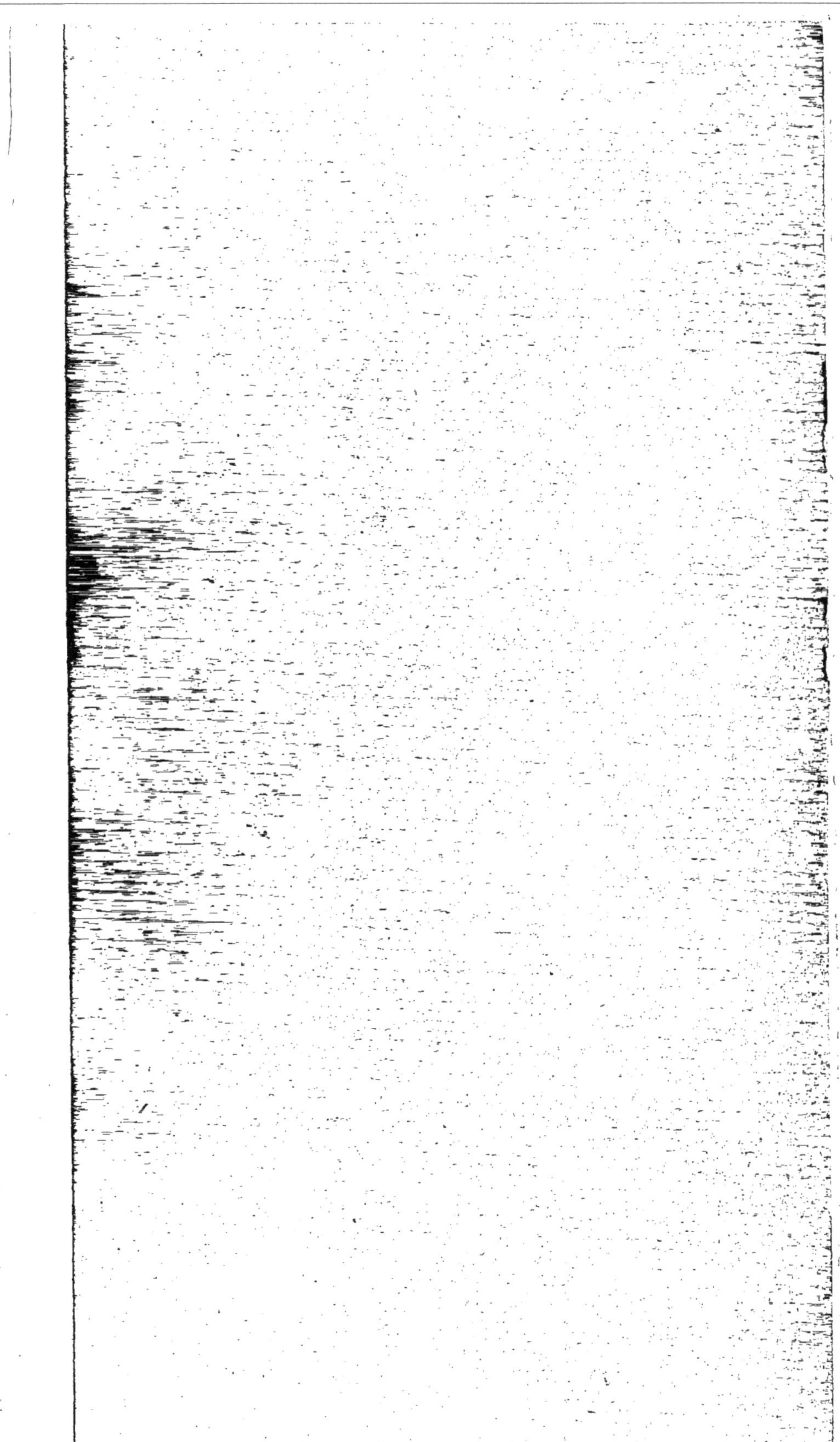

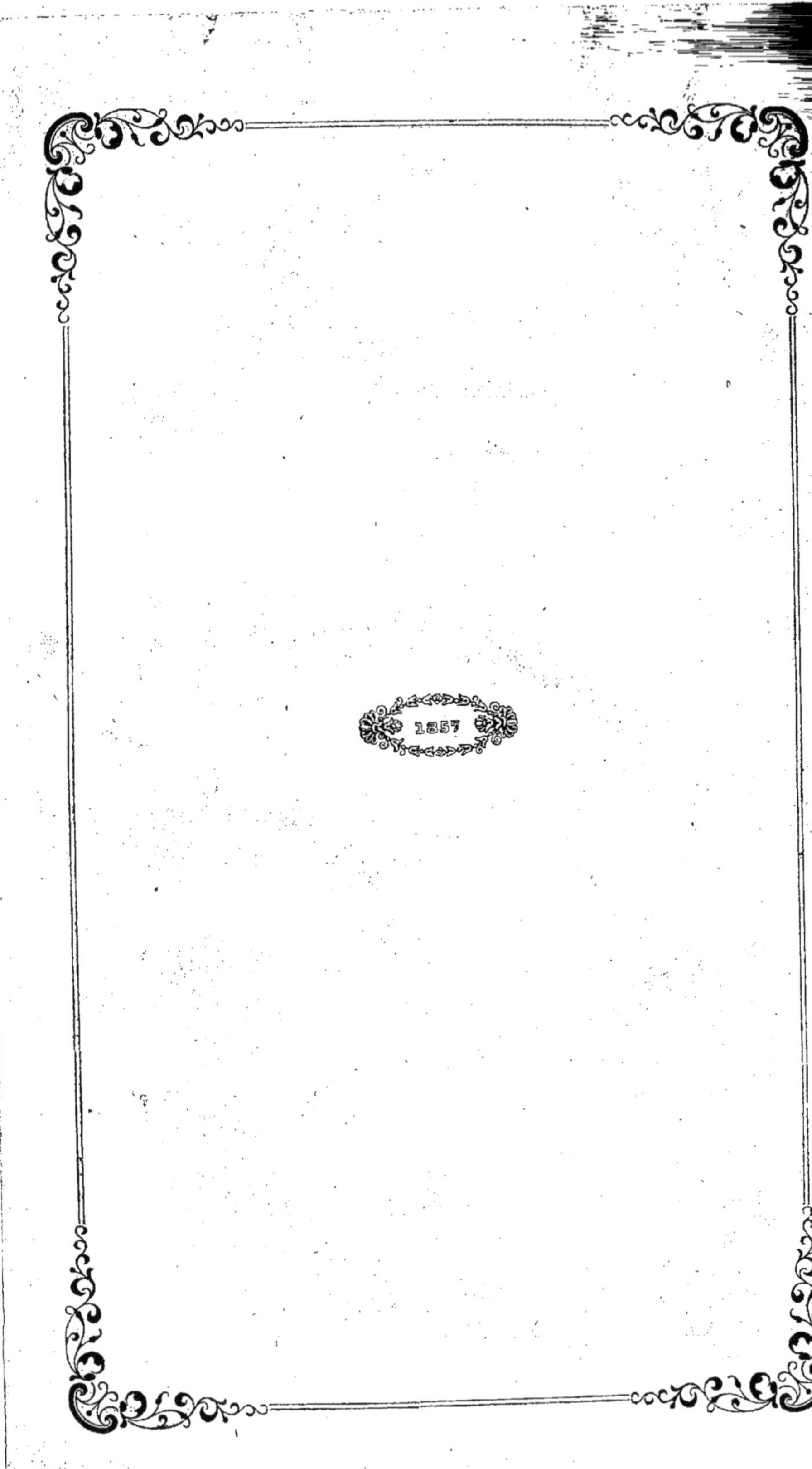
1857

www.ingramcontent.com/pod-product-compliance
Ingram Content Group UK Ltd.
Pitfield, Milton Keynes, MK11 3LW, UK
UKHW012033240726
13965UKWH00002B/756